AI時代の憲法論

人工知能に
人権はあるか

木村草太［編著］
佐藤 優
山川 宏

毎日新聞出版

AI時代の憲法論

人工知能に人権はあるか

はじめに

木村草太

いま、この本を手にしてくださっている人は、どんな人でしょうか。そして、どんなことを感じていらっしゃるでしょうか。

私が普段、本をつくるときには、想定読者が明確にあります。例えば、「法学部の学生」「法律に関心はあるけれど、専門教育は受けたことのない一般の方」「進学先を検討中の高校生」などです。

でも、この本では、そういった明確な想定読者はありません。強いて言うならば、想定読者は、「好奇心のある人」です。

「元外交官の作家」と「AI研究者」と「憲法学者」の間に、共通の話題があるの？

トランプ現象について、何か考えてみたい！

AIで社会は変わるの？

ともかく、いろいろ考えることが好きだ！

そんな皆様に届いてほしいと思います。

この本は、２０１７年に毎日新聞労働組合主催で行われた「ＡＩはトランプを選ぶのか」というシンポジウムがきっかけで生まれました。シンポジウムがあまりにも刺激的で楽しかったために、「この話を、もっとたくさんの人に届けたい」と考えました。そして、シンポジウムで聞き足りなかった部分を、インタビューで追加しました。

本をまとめるまでに少し時間がかかり、シンポジウム・インタビューの時点から、国際政治も、ＡＩ開発も、いろいろと事態が進んできています。自分で原稿を読み直して、「いまだからこそ、より理解が深まる」と感じる箇所が本当にたくさんあることに驚きました。佐藤優さんや山川宏さんの話が、その時点での数歩先を見通したものだったということ、そして、確かな専門知が未来を読むうえでとても大切だということを、改めて実感しました。

「常識外れの人物」「これまでに見たこともない技術」「信じられない出来事」が次々に登場するいま、佐藤さんと山川さんのお話は、明るい好奇心をもって、新しい物事と向き合おうとする皆様の道しるべとなることでしょう。

読者の皆様にとって、この本が、楽しい読書体験になることを祈っております。

目次

第4章　ＡＩの尊厳とは何か　佐藤 優・山川 宏・木村草太

第2部　ＡＩに倫理は必要か

第5章　進化するトランプ2・0と日本の政治　佐藤優・木村草太

第6章　自律型AIに人を殺す権利を与えるべきか

山川　宏・木村草太

第7章　ＡＩ技術は宗教と倫理を超えられるか　佐藤 優・木村草太

ブックデザイン　宮坂佳枝
企画協力　毎日新聞労働組合
編集協力　木村佳子、六本木博之
ＤＴＰ　センターメディア
写真　髙橋勝視、中村琢磨、徳野仁子

第1部

AIはトランプを選ぶのか

民主主義と憲法の未来像

2017年1月26日
毎日新聞社編集綱領制定記念のつどい

序にかえて
なぜ「トランプ」と「AI」なのか

木村草太

今日のシンポジウムは、「AIはトランプを選ぶのか」というかなり奇抜なタイトルで、驚かれた方も多いのではないかと思います。

もともとシンポジウムのお話をいただいたときのテーマは、トランプ現象と憲法について議論してみませんか、というご提案でした。もちろん、「米国の大統領がトランプになり、米軍が東アジアから撤退したなら、憲法9条はどうなるのか」といった議論にも、十分意味はあると思います。しかし、他のメディアでも似たようなことをやっているのではないかと感じました。そこで、まったく違う角度でこの問題を切ってみたいと考えたのです。それに、「東アジアのパワーバランス」といった現象は、現実の一面でしかありません。それよりも「トランプ現象」をもっと視野を広げて語るべきだと考えたのです。

そんな中で、トランプ現象とは別に、近年の大きなトピックになっているのはAIです。2015年に、AIを搭載した「アルファ碁」が、囲碁の世界トップクラスの棋士に勝ちました。その衝撃については、みなさん覚えていらっしゃるのではないかと思います。AIの急速な発達は、囲碁だけのことではありません。AIは、何かを観察したり、表現したりすることができますが、その精度がコンピュータのプログラム向上と計算速度向上に伴って急成長しており、人間と肩を並べるか、あるいは、人間を超える域に達したそうです。

「トランプの衝撃」と「AIの衝撃」は、それぞれ独立している話のはずですが、私の中で、その二つがふと結びつきました。そこで、「AIとトランプ現象を絡めたシンポジウムにしましょう」とお願いしました。

では、どなたとご一緒すれば、面白いシンポジウムになるのか。トランプ現象を理解するには、トランプの思考・行動原理を理解する必要があります。それには、政治を内側から理解するには宗教理解が必要だとおっしゃっている佐藤優さんのお話を伺うのが最善だと思いました。

また、山川宏さんは、最先端の研究をなさりながら、新聞のインタビュー（毎日新聞

2015年10月7日）などで、一般の方向けの解説もしてくださっています。ぜひ、いろいろ教えていただきたく思いました。

本日のシンポジウムは、まず前半（第1章〜第3章）で、佐藤さん、私、山川さんの順で個別に基調報告をしてから、後半（第4章）でその報告をもとに討論形式で議論を深めていきます。

それでは佐藤さん、よろしくお願いいたします。

第１章

ＡＩは人間の生命をいかに判断するのか

佐藤 優

1　あらかじめ決められていたトランプ政権誕生

大統領選の結果を予言した〝陰謀論者〟

こんばんは、佐藤優です。私からは、まず、トランプの米国大統領当選について、メディアがどういう見方をしていたのかからお話しします。

「逆張りをする」というかたちでトランプ氏当選を当てた人は何人かいますが、圧倒的多数の人は、クリントンが当選すると考えていました。トランプ旋風なんて騒がれてもいましたが、なんだかんだ言って、みんなの予想はクリントン当選でほぼ固まっていました。

そんな中、池上彰さんと私は「わからない」と言っていました。ラジオや新聞で最後まで「わからない」で通すのは非常に難しいですよ。みんな、わかりやすい結論を求めがちですから。私がなぜ「わからない」と言い続けたのかといえば、ロシア政府が、クリントン陣営のメール問題を利用して大統領選に干渉してくる可能性があったからです。

池上さんの見方は面白かったですよ。まず、米国のハイウェーを走ると「リベラルなメディアを信じるな」という看板がたくさん立っていた。それを見て、「あれ？」と思ったのだそうです。さらに、メキシコとの国境の町に行くと、不法移民を含めて移民がたくさん住んでいて、彼らはトランプを歓迎している。今後新しい移民が入ってこなくなれば、自分たちの職が保障されると考えていたというのです。その二つの事柄を理由に、池上さんは「わからない」と考えたそうです。

ふたを開けてみると、トランプが当選しました。大手のマスコミや評論家の大多数が腰を抜かしました。

そんな中で「俺の言うとおりになった」と言ったのは、副島隆彦さんです。[*1]副島さんといえば、みんな「陰謀論」が頭に浮かぶでしょう。しかし、副島さんの予想は、当てずっぽうでも逆張りでもなかったのです。私は、副島さんの言説に最初から注目していました。私はトランプに関する本（『ゼロからわかる「世界の読み方」――プーチン・トランプ・金正恩』新潮社）を書いていますが、その中で副島さんを紹介しています。彼の言説について「陰謀論」という偏見を取り除いて考えてみたんです。

一つ目に副島さんが注目しているのは、トランプが２０１６年5月18日に元米国務長官のキッシンジャー[*2]と会っていることです。そのことは、キッシンジャー自身が明らかにしています。この事実から、副島さんは、米国のエスタブリッシュメント（既存の支配階級層）が、「トランプ大統領」にゴーサインを出したと見た。なぜそうしたのかと言えば、クリントンは、実は、ネオコン[*3]に近い部分があり、クリントンが大統領になると戦争が起きると考えたからです。

二つ目の着目点は、トランプが「私は低学歴の人が好きだ」というフレーズを多用していることです。これは、一種の米国人をひきつけます。副島さんは、２０１６年７月に出した本の中で「俺は予言者だ」と言いましたが、彼は確かに数々の予言を当てています。例えば、「リーマン・ショック」も半年前に当てました。「オバマ大統領誕生」も１年前に言っています。「今度も当ててみせる」と言って当ててみせた。なぜ副島さんの予言が当たるのかというと、彼が米国の内在論理をつかむことに成功しているからです。

これは、先ほど打ち合わせの際に木村さんと話していて気づいたのですが、トランプはなぜ「私は低学歴の人が好きだ」というレトリック（論法）を使うのか。それは、それをすることによって集票の極大化ができる、そう考えているからです。これはきわめて世俗的な発想です。

一方で、トランプは、非常に宗教的でもあります。トランプが宗教的だなんて言うと、「あんなとっつぁんのどこに宗教があるのか」と奇妙に思われる方も多いかもしれません。例えば、大統領選挙予備選の共和党討論集会で、ライバル候補のフロリダ州選出上院議員マルコ・ルビオが、「みなさんは見たか。あなたは体の割に手が小さい」とトランプを挑発しました。これに対してトランプは、「手が小さい人は、別の『モノ』も小さいに違いない。（だが）私は大丈夫だ、そちらは何の問題もない」などと平然と話しました。ひと昔前の米国では、ペニスの大きさについて公の場所で、よりによって大統領選の予備選で話すなんて、とんでもないことでした。あるいは、フォックステレビの女性キャスターであるメギン・ケリーがテレビ討論会で、トランプは女性を見下していると批判したのに対して、後日、別のテレビ番組でこう言いました。「あのねえちゃん、目が血走っていたが、他のどこかでも血を流していたんじゃないの」と。これも米国の公共の場では明らかにアウトです。

ところが彼の場合はそうならなかった。これらの発言は暴言であるはずなのに、ひんしゅくを買うことで「本音を言ってくれる」と見られる。トランプはそういう計算を合理的にしているのです。

なぜこのような、恥も外聞もない選挙運動ができるのか。それは案外、根本的なところで強い信念をもっているからではないかと思うのです。

トランプ政権を生んだアメリカの信仰心

2017年1月20日にトランプは大統領就任演説を行いました。さまざまなメディアが、その日本語訳を発表しました。私が注目したいのは、NHKが次のように翻訳した部分です。

「私たちは古い同盟関係を強化し、新たな同盟をつくります。そして、文明社会を結束させ、イスラム過激主義を地球から完全に根絶します。私たちの政治の根本にあるのは、アメリカに対する完全な忠誠心です。そして、国への忠誠心を通して、私たちはお互いに対する誠実さを再発見することになります。もし愛国心に心を開けば、偏見が生まれる余地はありません。聖書は『神の民が団結して生きていることができたら、どれほどすばらしいことでしょうか』と私たちに伝えています」

この聖書の引用部分は、英語では、「The Bible tells us, "how good and pleasant it is when God's people live together in unity."」となっています。グーグルでチェックしてみたら、聖書の詩篇133篇第1節だとわかりました。毎日新聞の全訳では、この部分は、「見よ。ともに団結して生きる。なんという恵み、なんという喜び」と英邦訳聖書を意識した訳になっています。朝日新聞は、日本聖書協会の新共同訳をそのままあてはめて、「見よ、兄弟が共に座っている。なんという恵み、なんという喜び」と訳しています。なぜNHKだけが、聖書を引用しようという発想が湧かなかったのか、あえて直訳しないといけないと考えたのか、それはよくわかりませんが、ともかくNHKは邦訳聖書を意識しない翻訳をしていました。

なぜこの部分が重要なのか。詩篇というのは、新約聖書ではなく旧約聖書に収められたものだからです。トランプに限らず、米国の大統領や大統領候補は「神」という言葉をしょっちゅう使いますが、「キリスト」とは絶対に言いません。なぜなら、「キリスト」というと、ユダヤ教徒たちを排除することになってしまうからです。米国はキリスト教的な雰囲気ではあるものの、「ユダヤ教徒は排除しない」という考え方が基調になっています。

少し業界的な話になりますが、ユニテリアン[*5]というキリスト教の宗派があります。例えば、社会学者の橋爪大三郎さんは、ルター派の教会で洗礼を受けましたが、アメリカにいたときは、ユニテリアンの教会に通っていました。キリスト教の正統派教会の教義では、イエス・キリストは真の神、神の子ということになっています。しかし、ユニテリアンは、イエス・キリストは人間であって、神の子ではないとしている。ブッダや孔子と同じような偉大な先生という位置づけです。預言者のモーゼと同じですね。ここに、ユダヤ教徒との親和性がある。

実はこの考え方は、米国の見えざる国教ともいえるものです。ロバート・ベラー[*6]が言う市民宗教というのは、米国の見えざる国教、戦前における日本の国家神道みたいなものだとイメージすればよいでしょう。

さて、トランプの演説に戻りましょう。ここで引用されている詩篇１３３篇というのは、短い詩なんです。引用部分は第１節で、これに続く第２節は「かぐわしい油が頭に注がれ、ひげに滴り／衣の襟に垂れるアロンのひげに滴り」、第３節は「ヘルモン[*7]におく露のように／シオン[*8]の山々に滴り落ちる。シオンで、主は布告された／祝福と、とこしえの命を」（新共同訳）

となっています。

イエス・キリストの「キリスト」とは「油を注がれた者」という意味ですが、この詩の「油が頭に注がれた者」というのは、王様あるいは救済主のことです。すなわちこの詩は、ヤーウェ（神）の教えに基づく世界支配はシオン（イスラエル）から広められるという意味なのです。つまり、ダビデ王[*9]を理想としたメシアニズム（救世主信仰）を典型的に示す内容となっています。

トランプは、キリスト教徒のみが聖典とする新約聖書ではなくて、キリスト教徒とユダヤ教徒の両者が聖典とする旧約聖書から引用することで、イスラエルと全世界のユダヤ人に対して、「私はあなたたちと価値観を共有していますよ」というメッセージを送ったのです。だから、トランプ政権の外交は「親イスラエル」を基調とすることになるでしょう。

トランプ政権誕生は生まれる前から決められていた

ここで、トランプがどういう宗教に属しているのかについて話しておきましょう。彼はキリスト教プロテスタントのカルヴァン派の教派の一つ、プレスビテリアン（長老派）に属しています。スコットランドに特に多い教派です。長老派といっても、別におじいさんがやっている教会というわけではありません。議会制民主主義のような教会運営をしているのが大きな特徴です。一つひとつの教会から役員を選出するのですが、その役員のことを「長老」と呼びます。その役員たちが集まって「中会」というのをつくり、そこで役員たちが選挙をして「大会《だいかい》」をつくります。

カルヴァン派の特徴的な考え方は、いわゆる「予定説」、つまり、「人は生まれる前から選ばれている。天国に行く人と滅びに定められている人に。生まれた後の人の行為は何も関係ない」というものです。今日、このシンポジウムに来られている人は、自分の意志でここに来たと思っているでしょう。しかし、カルヴァン派の人間から見ると「選ばれて、生まれる前からここに来ることが決まっていた」という発想になります。

カルヴァン派の特徴を理解するためには、もうひとつ、『新約聖書』「マタイによる福音書」13章に記された「毒麦のたとえ」を読むことを勧めます。キリストが良い麦の種をまいたところに、後からやってきた悪魔が毒麦の種をまいた。最初のうちはどれが毒麦かわからないけれど、ある程度成長してくると毒麦とわかるんですよ。そこで「親方、毒麦を抜きましょう」と言ったのだけれど、親方は「抜くな」と言います。なぜでしょうか。毒麦の根は良い麦までつながっているので、早いうちに毒麦を抜こうとすると、一緒に良い麦も抜けてしまう。そうならないように、実がなるまで待たねばならない。実がなってから、悪い麦だけを先に抜き、火の中にくべて焼いてしまいなさい。そういうたとえ話です。トランプは「そろそろ実が熟してきた」と考えているでしょう。

また、「選ばれた人間」にとって一番いけないことは何か。それは「怠惰」なんですね。中学生時代のトランプは、だれていたそうです。そこで両親は、「根性を鍛え直さないといけない」と陸軍幼年学校に彼を入れました。規律を厳しくたたき込む必要があるのです。トランプの自伝（本人は自分で書いていないと言っていますが）や、ロバート・キヨサキと一緒に書いた『あなたに金持ちになってほしい』（筑摩書房）という本を読めばわかることですが、彼らにとっては「勤勉」が非常に重要な価値です。さらに「あなた自身の運命はすでに選ばれている」という認識も強い。選ばれた人間はそのことを神に感謝して、神の栄光のために一生懸命働かなくてはならない。つまり、人間の努力というものは、「それによって運命が変わる」から大事なのではなく、「あらかじめ選ばれていることを示す」から大事なのです。[*10]

イスラエルを擁護するクリスチャン・シオニズム

さらにもうひとつ、トランプの信仰に重要な特徴に、「クリスチャン・シオニズム」[*11]があります。これは、キリスト教の全教派で受け入れられているわけではなく、近年の米国特有の現象です。新約聖書の最後に「ヨハネの黙示録」というのがあります。そこでは、この世の終わりがやってくるとき、イスラエルのエルサレムにイエスが再臨し、最後の審判を行う、と書かれています。

イエス・キリストは死後、復活し、弟子たちの前に姿を現した後、「私はすぐに来る」と言って天に昇っていきました。だから、みんな「本当にすぐ来る」と信じて、イエス・キリストが語ったことを書き置きしなかったのです。歴史的には、イエス・キリストが亡くなったのは紀元30年ごろのことです。しかし、3年待っても、5年待っても、10年待っても、30年待っても来ない。これを「終末遅延」と神学用語で言います。だいぶ遅れそうだからと、紀元70年ごろに、イエス・キリストが語ったことをメモにした。それがいまの聖書の原型になっています。かれこれ約2000年遅れているわけですが、それでも「必ず来る」とキリスト教徒は信じています。その終わりの日が来るとき、神様がエルサレムに降りてくるときには、神の支配する「イスラエル」という国ができる。その「イスラエル」と、いま地上にある「イスラエル国家」を同一視して、「いまあるイスラエルは、神の意志でつくられた特別な国家である」と考えるのが、クリスチャン・シオニズムです。

「われわれも理想を求めて米国に渡ってきた。その理念は、ユダヤ教とも親和性がある。だから、ユダヤ教徒と仲良くしよう、『イスラエル』を断固擁護しよう」というキリスト教の流れが、米国では強いのです。日本でその系統に属するのが、例えば「聖イエス会」[*12]や「キリストの幕屋」[*13]などです。「日本基督教団」のような主流派のプロテスタントにはそういう傾向は薄いです。

私は日本基督教団に属するプロテスタントのキリスト教徒ですが、少しクリスチャン・シオニズムの影響を受けています。

2　ＡＩにとっての人間の価値とは何か

人間は特別な存在か

さて、こういう人たちの考え方の特徴が、実はＡＩとも関係します。「人間の特殊性はどこにあるのか」と問われて、日本人のように神道的・仏教的な文化圏にいると、「人間と動物の距離はそんなに遠くない」ということになります。

私は６匹の猫と一緒に暮らしていますが、墓は絶対に猫と一緒に入りたいと感じています。でも、キリスト教式の墓だと、猫と一緒に入ることはできません。かといって、私はキリスト教徒ですから、墓のために仏教教団の檀家に組み込まれるのはイヤなんです。だからいま、墓探しにけっこう苦労しています。やはり、その辺を考えると、お寺は幅広くて、「宗派問わず」というところも案外あります。キリスト教徒の猫でも入れてくれるようなお寺はあるので、その辺に狙いを定めています。

聖書では、人間は特別扱いされています。人間は、神様が自ら粘土から形をつくり、鼻をつまんでぷっと息を入れることによって生まれたものなのです。この「神の息」が入っていることに、人間の特殊性があります。だから、人間には、「この世界にある動物や植物や鉱物すべてを管理する責任」があるのです。ちなみに「管理」という解釈は、20世紀に入ってからのものです。それまでは「支配」する権利があるといわれていました。その延長線上に、例えばデ[*14]カルトの「動物は機械なんだ」という考え方が出てきます。人間は神の息が入った特別な存在だから、あらゆるものを使っていい、発明していいんです。こういう西洋的な考え方の根っこには、「人間の管理権」という発想があるのです。

あともうひとつ、重要な特徴があります。「あまり調子に乗ったらだめですよ。調子に乗りすぎるとバ[*15]ベルの塔になりますよ」という基本思想です。人間がつくりあげたものによって、すべてが壊れてしまう。アル＝カーイダも、そういう思想的背景を理解していたと思います。

2001年9月11日に、ニューヨーク世界貿易センターのツインタワーに飛行機で突っ込んだでしょう。最初のうち、米国のテレビはずっとその様子を映していましたが、途中から映すのをやめました。それは、なぜか。ユダヤ教、キリスト教、さらにイスラム教にも共通して、「人間が増長すると、神の怒りによってバベルの塔が倒れる」というイメージをもっています。あの超高層のツインタワーが倒れるというのは、バベルの塔が倒れるというイメージを想起することになります。アメリカのテレビは、「米国の文明が自壊する」というイメージを与えないように、その映像を流すのをやめたのです。

ここでＡＩに関して作業仮説、考える上でのフレームを提示しておきましょう。トランプは、ある意味では神懸かりになっていて、「自分は選ばれて勝利する」と考えています。実業家のままでいたほうがお金も貯まるでしょう。しかし彼は、世のため人のために、自分が大統領にならねばならないと思っている。そういうかたちで思想的に飛び越えてしまうと、彼は道具的にＡＩでも何でも使っていけるのではないでしょうか。この辺は、木村さんから面白い話がきっと聞けると思います。

ＡＩは人間の価値をどう判断するか

さて、話を現実の世界に引き戻しましょう。朝日新聞に、宮地ゆうさんという非常に優れた記者がいます。『ルポ　シリコンバレーで起きている本当のこと』（朝日新聞出版）という本を２０１６年８月に出されています。その中で、「そう遠くない時代、人間の運転は認められなくなってしまうでしょう」という指摘をしています。ＡＩによる運転のほうが圧倒的に安全だから、人間は「Ｆ１」などの特別な車で、サーキットのような特別な場所でしか運転できなくなってしまうというのです。

例えば、目の前で車が急に止まったらどうするでしょうか。私たち人間は、どちらかにハンドルを切るでしょう。あるいは、私のようにぼんやりしている人は、前の車にぶつかってしまうかもしれません。では、ＡＩを搭載した車だったらどうでしょうか。「右に人間が２人います、左にはだれもいない」という場合には、左にハンドルを切りなさいというプログラムを組み、確実にそれが実行できるようにするでしょう。では、「右にはホームレス風の人が２人。左にはアルマーニらしきスーツを着た人が２人」という場合に、どんなプログラムを組むでしょうか。保険会社は、保険金の支払額を抑えたいので、「ホームレス風のほうに行け」というプログラムを組みたがるでしょうね。あるいは、「制服を着た中学生が左右に１人ずついる。右は偏差値70の名門中学校の制服を着ている。左は偏差値38ぐらいの荒れた中学校の制服を着ている」という場合には、どう判断するのか。またあるいは、「人をはねるぐらいなら自分が死んだほうがいい」と、前の車にぶつかってもかまわないというプログラムを組む可能性もあります。

プログラムを組む際には、私たち人間が、何らかの判断をしなければなりません。そこには倫理が不可欠となるでしょう。これは「倫理の逆襲」ですよね。私は自分と同じ50代の人と会っても、なかなか話が一致しないことがあって、なぜだろうと考えました。第一に、１９８６年に日本を出て、帰ってきたのが1995年だったので、バブル経済を知らない。第二に、ポストモダニズム[*16]の思想的な嵐を知らない。その二つが欠けていることが関係しているのではないかと考えています。「大きな物語」や「倫理」なんて脱構築しなければならないという時代が90年前後にありました。しかし、ここにきて、プリミティブ（原始的）な感じでの「倫理」が戻ってきた。マイケル・サンデル教授[*17]がブームとなった背景にも、「倫理の逆襲」があるのではないかと考えられます。

チャペックが描くAI的な世界

今日は、シンポジウムに関連して、本を2冊紹介したいと思います。まず1冊目は、『山椒魚戦争』（岩波文庫ほか）です。作者はカレル・チャペック、第一次世界大戦と第二次世界大戦の間の時期に、チェコスロバキアで活躍した作家です。1935年から新聞に連載され、単行本が出たのは、ナチス・ドイツが入ってきてチェコスロバキアが解体される3年前の1936年。こんな感じのSF小説です。

インドネシア・スマトラ島の近くにある小さな島で、船長のヴァン・トフはオオサンショウウオを見つけます。実は、このオオサンショウウオには、特殊な進化能力があります。オオサンショウウオは、ロンドンの動物園に連れていかれました。ある日、飼育員が掃除をしていると、どうやらこのオオサンショウウオはしゃべるらしいとわかります。そこで、こんな会話をします。


――お名前は？

「アンドリュー・ショイフツァー」

――年齢は？

「知りません。若い姿でいたい方は、リベラルなコルセットをどうぞ」

――きょうは何日ですか。

「月曜日です。いいお天気ですね。この土曜日、エプソムの競馬にはジブラタル号が出場します」

――5×3は？

「どうしてです？」

――計算ができるでしょう？

「できます。29×17は？」

――質問はわれわれにさせておいて下さい。アンドリュー。英国の川の名を言ってみなさい。

「テムズ」

――それから。

「テムズ」

――ほかの川の名は知らないのですね？　英国のいまの王様の名は？

「キング・ジョージ。神よ王よ恵みたまえ」

――よくできました、アンディ。英国最大の作家の名は？

「キップリング」

――見事です。彼の作品は何か読みましたか？

「いいえ、メイ・ウエスト（戦前の米国のグラマー女優）は好きですか」


　ここで示される内容は、当時の英国のタブロイド紙に出てくる話ばかりです。この会話から、その世界観しかもっていないということが示されます。最後にこんな会話もしています。


――大陸はいくつありますか？　５つ名をあげてください。

「英国とその他です」

――その他、というのは。

「ボルシェヴィキ[*18]とドイツ、それにイタリアです」

――ギルバート諸島[*19]は、どこにありますか。

「英国です。英国は大陸にコミットしない。英国は航空機１万台を必要とする。南英海岸においでください」

会話は終始こんな感じで、当時の英国人の大衆の雰囲気を出しています。ただ、ＲとＬの発音を上手にできなかったり、文学とか芸術に関心をもっていなかったりします。オオサンショウウオは、数学と土木と物理と軍事の能力だけを成長させていって、人間のそれをはるかに超えてしまう。そして、ついには、オオサンショウウオ同士が戦争を始めてしまいます。さてどうなるか、とても面白い本なので、ぜひ読んでみてください。

カレル・チャペックは「ロボット」という言葉を発明した人でもあります。彼自身も影響を受けたと認めているのですが、ＡＩ的な発想が行き着くところは、「ゴーレム」です。「ゴーレム」というのは、ユダヤ教の伝承に登場する、自分で動く泥人形です。１００年に一度、プラハのユダヤ人街の窓のない部屋で、特別な粘土をねじってつくられます。ゴーレムはつくった主人の命令だけを忠実に実行し、人間の代わりに、眠りもせずに一切の労働をやってくれます。

ＡＩに死者や生まれざる者との対話は可能か

もうひとつ紹介したい本は、柄谷行人[*20]さんの『思想的地震』（ちくま学芸文庫）という講演録です。ＡＩには、何らかのかたちでコミュニケーションする能力があるし、人間の意識のように見える内在的論理ももっています。ＡＩが発展したときに、ＡＩと他者の関係はどうなるかということに、私は関心があります。

柄谷さんはこの本の中で、「他者としての物」という概念を示します。「他者とは何か」という問いに対して、哲学者のヴィトゲンシュタイン[*21]を援用して、「コミュニケーションができない人たち」を指すと述べています。コミュニケーションができない人とは、典型的には外国人である、精神障害者もそうだ、とヴィトゲンシュタインは言っています。しかし、外国人や精神障害者とは、なんらかのかたちでコミュニケーションして、合意形成ができるでしょう。これに対して、絶対に合意形成できない人たちがいます。それは死者といまだ生まれざる者です。

まず、死者のほうから考えてみましょう。歴史認識の問題は、死者と密接に関係しています。靖国問題は、死者の鎮魂と魂を想定しないと出てきません。この魂というものをどう包摂しているのか、あるいは包摂せず切り離した世界にするのか。死者との関係について、私たちは方向性を決めかねています。

次に、いまだ生まれざる者について考えてみましょう。日本は、福島第一原子力発電所の事故を経験してもなお、原子力発電所を稼働させていますが、このままでいいのか。私たちは化石燃料を使い果たしていいのか。次世代への責任を果たせるのか。あるいは、いまインターネットが普及して新聞の部数が減っていますが、みんなが新聞を読まない時代になったとしたら、次世代以降の人たちの知る権利はどうなっていくのか。このような問題が、いまだ生まれざる他者との対話です。

柄谷さんは、哲学者ハーバーマス[*22]が述べているコミュニケーションは、たかだか生きている人間のコミュニケーションで、しかも欧米的なゲームのルールを共有している中での話であると批判します。そして、カント[*23]の物自体[*24]という考え方は、実は死者もいまだ生まれざる者をも包摂している、と指摘します。この点についてＡＩと関係してくるのか、まったく関係しないのか。今後この点が、ＡＩと哲学や神学との学際的な議論のひとつの問題になってくるのではないかと考えています。

用語解説

＊1　副島隆彦《そえじまたかひこ》

外資系銀行員、予備校講師を経て、常葉学園大学教授を務めた。日本の政界・シンクタンクに独自の情報源をもち、金融経済からアメリカ政治思想、法制度論、英語、歴史など幅広いジャンルで論評を展開している。また、副島国家戦略研究所を主宰している。

＊2　キッシンジャー

米国の国際政治学者。ニクソン政権及びフォード政権期の国家安全保障問題担当大統領補佐官、国務長官。米国の歴代大統領をはじめとする世界各国の指導層と親交をもっており、国務長官退任から30年以上経った現在でもその国際的影響力は「最大級」と評価されている。

＊3　ネオコン

ネオ・コンサバーティブの略。新保守主義者。保守主義者は、伝統的な価値観、信条などを守り、外交的には孤立主義的立場をとる。しかし、新保守主義者は米国の価値観や民主主義などを海外、特に非西欧社会に「移植」しようとする点で特異な存在である。自国に脅威が存在する場合には、融和施策を排し、米国単独でも軍事行動を強行するという意味では、きわめて「帝国」主義的であると言える。

＊4　聖書の詩篇

旧約聖書に収められた150編の詩。神（ヤーウェ）への賛美の詩。

＊5　ユニテリアン

キリスト教プロテスタントの一派、及びその主張。キリスト教正統派教義の三位一体論（三一論）に反対し、神の単一性を主張、キリストの神性を否定する。

＊6　**ロバート・ベラー**

アメリカの宗教学者。主著に『市民宗教論』や『心の習慣――アメリカ個人主義のゆくえ』（みすず書房）がある。

＊7　**ヘルモン**

イスラエル北部にある標高2800メートル級の山。

＊8　**シオンの山々**

エルサレム市内にある、山というより小高い丘。

＊9　**ダビデ王**

古代イスラエルの王。羊飼いから身をおこし、王位に就く。エルサレムに都を置き、全イスラエルの王となる。旧約聖書の「サムエル記」及び「列王記」に登場し、伝統的に「詩篇」の作者とされてきた。イスラム教においても預言者の一人に位置づけられている。

＊10　**ロバート・キヨサキ**

日本名・清崎徹。日系4世。米国の投資家、実業家。著書『金持ち父さん　貧乏父さん』は世界51カ国語に翻訳され、109カ国で紹介されている。

＊11　**クリスチャン・シオニズム**

シオン・エルサレムがアブラハムの子孫に永久の所有として与えられたとするキリスト教の教理の一つ。イスラエル（パレスチナ）を神がユダヤ人に与えた土地と認め、イスラエル国家の建設は聖書に預言された「イスラエルの回復」であるとする。キリストの再臨と世界の終末が起こる前に、イスラエルの回復がなされている必要があると考え、イスラエルの建国と存続を支持する立場をとる。

＊12 聖イエス会

1946年に日本で創立された、プロテスタント系のキリスト教団。旧新約聖書を誤りなき神の言葉と信じ、信仰と生活の唯一の規範としている。

＊13 キリストの幕屋

日本のキリスト教系の新宗教である。政治的には保守的な主張を展開している。旧約聖書研究では、学術的に高い業績を上げている。

＊14 デカルト

『方法序説』を発表して、17世紀の科学、哲学に大きな影響を与えたフランス人。すべてのものを徹底的に疑った上で、それを考えている自分の存在だけが確かなことであるとして「我思う、ゆえに我あり」という第一原理に立ち至った。

＊15 バベルの塔

旧約聖書の「創世記」に登場する巨大な塔。神話とする説が支配的である。バベルの塔の物語は、「人類が塔をつくり神に挑戦しようとしたので、神は塔を崩した」という解釈がある。

＊16 ポストモダニズム

「近代のあと」の時代を意味する。そしてこの言葉の意味から、モダニズムつまり近代主義に対する不信、反動、超克を意味する用語として用いられている。

＊17 マイケル・サンデル

米国の哲学者。ハーバード大教授。日本で大ベストセラーになった『これからの「正義」の話をしよう』

（ハヤカワ・ノンフィクション文庫）の著者。

＊18　ボルシェヴィキ
１９０３年にロシア社会民主労働党が二つに分裂したとき、レーニンが率いた社会主義政党の多数派。ソ連共産党の前身。

＊19　ギルバート諸島
太平洋にある16の珊瑚礁の島及び環礁からなる諸島。作品当時は英国の植民地。

＊20　柄谷行人《からたにこうじん》
日本の哲学者、思想家、文学者、文芸評論家。論文「〈意識〉と〈自然〉――漱石試論」で群像文学新人賞受賞。著書に『マルクスその可能性の中心』（講談社学術文庫、亀井勝一郎賞）、『坂口安吾と中上健次』（太田出版、伊藤整文学賞）など。

＊21　ヴィトゲンシュタイン
オーストリア出身。20世紀初頭に英国・ケンブリッジ大学を舞台に活躍した天才哲学者。『論理哲学論考』（岩波文庫ほか）が唯一の著書。

＊22　ハーバーマス
ドイツの哲学者。著書に『公共性の構造転換』、『理論と実践』、『コミュニケイション的行為の理論』（ともに未來社）、『討議理論』（法政大学出版局）など。

＊23　カント
ドイツの哲学者。『純粋理性批判』、『実践理性批判』、『判断力批判』（ともに岩波文庫ほか）の三批判書を発表し、批判哲学を提唱して認識論における、いわゆる「コペルニクス的転回」をもたらした。

＊24　物自体

カントの哲学の中心概念。著書『純粋理性批判』の中で、経験そのものを吟味した際、経験の背後にあり、経験を成立させるために必要な条件として要請したもの。「感覚によって経験されたもの以外は、何も知ることはできない」というテーゼを受け、カントは「経験を生み出す何か」「物自体」は前提されなければならないが、そうした「物自体は経験することができない」と考えた。「物自体」は認識できず、存在するに当たって、われわれの主観に依存しないとした。

第2章

トランプはAIである

木村草太

1 なぜ「トランプとＡＩ」なのか

「越えられない壁」を乗り越えたＡＩ

こんばんは。木村です。佐藤さんの分析から、トランプの特徴が鮮やかに描き出されました。佐藤さんは常々、政治を内側から理解するには宗教理解が必要だとおっしゃっていますが、私もお話を伺って、そこに深く納得いたしました。とはいえ、「この分析がＡＩの話にどうつながるのか」と、みなさんは不安になっていらっしゃるんじゃないかと思います。でも、これがつながるんです。

冒頭にも申しましたが、ＡＩ技術はここ数年で急速に発展しています。私は憲法の研究者であって、ＡＩの専門ではありませんが、ＳＦが好きだったので、昔からＡＩには興味がありました。

私がずっと注目していたのは、「記号着地」の問題です。ＡＩはモノを認識することがとても難しいという指摘がたびたびされています。つまり、人間であれば、イヌとかネコを見せられれば、それがイヌなのかネコなのかを簡単に判別できます。３歳ぐらいの子どもでも、簡単にできるでしょう。

しかし、コンピュータの場合、これがとても難しかったのです。ＡＩに、ある犬の写真を見せて「これがイヌだ」と教えたとしましょう。その後に、まったく同じイヌの写真を見せれば、「これはイヌです」と出力します。しかし、新しい別のイヌの写真を見せたときには、それをイヌと認識するのは大変難しいことだったのです。

もしもイヌとネコを判別できない人がいたとしたら、その人に、イヌとネコを判別する方法を教えることは、非常に難しいでしょう。３歳の子に平仮名の「わ」と「れ」の違いを説明しても、なかなか識別させるのは困難です。新垣結衣と長澤まさみの区別がつかないお年寄りに、その区別を教えるのが難しいのと同じことです。

私が学生のころには、ＡＩは記号着地問題を乗り越えられないのではないかと言われていました。しかし、近年、ＡＩは記号着地問題を克服し、イヌとネコの区別ができるようになったようなのです。それどころか、コンピュータの精度は、人間の能力を超えるぐらいにまで達しているそうです。それは、技術としてのＡＩが、新たなステージに踏み出したということです。間違いなく、社会や国際関係に大きな影響を与えることになるでしょう。

ＡＩが果たしてどういう技術で、どんなことができて、今後何ができるようになるのか、ということについて、これからを生きていく人間は、入門的なレベルでもいいから、知識をもっている必要があるのではないかと思います。

トランプは集票極大化をプログラミングされたＡＩである

講演タイトルは、「ＡＩはトランプを選ぶのか」となっておりますが、私がもともと考えていたのは、「トランプはＡＩではないのか」です。私が考えるに、ＡＩの特徴は、限定された目的に対して、非常に高いパフォーマンスを出すことにあります。

先ほど佐藤さんが、トランプは「私は低学歴の人が好きだ」と言うことによって、集票の極大化を狙っているのではないかというお話をなさっていました。実は私にはトランプの振る舞いが、「あなたの立場で集票が極大化できるような選挙運動をしなさい」というプログラムを組み込んだＡＩのように見えたのです。

佐藤さんが「倫理の逆襲」の話をなさっていましたが、ＡＩの特徴の一つに、人間がもっている「倫理」をもっていないことがあります。つまり、ＡＩがどんなに人間に似たような結論を導くようになったとしても、ＡＩはあくまで、人間から目的を与えられて、それを効率的に実現するにはどうしたらいいかを計算しているだけです。「倫理」を目的の一部としてプログラムに組み込むことができれば別ですが、そうでない限り、目的を効率的に実現できるのであれば、人間が倫理的にためらうことでもＡＩは平気でできてしまいます。

例えば、ある集会では、差別発言をすればするほど票が集まるとしましょう。普通の人だったら倫理観があるので、「差別はよくないから止めておこう」ということになる。しかし、佐藤さんがおっしゃるように、トランプはひんしゅくを買うようなことを平気で言ってしまう。トランプは「本音を言ってくれる」とみられることが集票につながると合理的に計算して、それを平然とやってしまうのです。

あるいは、トランプは「ラストベルト[*1]に工場をもってくる」とか、「メキシコ国境に壁をつくる」なんてことも言いました。常識で考えれば、メキシコへの工場移転を計画している企業に個別に圧力をかけるとか、メキシコ国境に壁をつくるなんていうことは、「法律」や「倫理」などの観点からためらうはずです。さらに言えば、実現可能性だって疑わしい。しかし、トランプは、ラストベルトでそういうことを平気で言ってしまいます。

倫理も実現可能性も問わずに、「とにかくその集会で盛り上がればいい」というような調子でしゃべっている。私には、そういう振る舞いに見えました。「トランプは（集票の極大化を目的にした）ＡＩではないのか」というタイトルだとさすがに失礼なので、こういうタイトルになったのではないかと思います。

2　世界を変えつつあるＡＩの現在形

プロ棋士に勝てるＡＩでも東大には受からない

ところで、私がトランプとＡＩを結びつけて考えてみたいと思ったきっかけは、東ロボくんについての記事が目に留まったことでした。国立情報学研究所の新井紀子教授が中心になって進めている「ロボットは東大に入れるか」というプロジェクトがあります。そこで研究・開発されているＡＩが東ロボくんです。東京大学の入試に合格できるだけの能力を身につけることを目標にしていました。この研究はかなりの成果を上げ、科目にもよりますが、マークシート形式のセンター試験の模試で偏差値60程度が取れるまでになったということです。しかし、２０１６年11月に、東大合格は不可能だということで、プロジェクトを断念することが発表されました。

将棋の世界では、米長邦雄先生の言葉とされる都市伝説的な言葉があります。「兄貴はバカだから東大に行った」という言葉です。将棋のプロ棋士になるのは非常に狭き門で、年にたった４人しかプロにはなれません。これに対して、東大合格者は、年に３０００人ほどです。プロ棋士の中には、東大やそれに匹敵するような国立大学に、片手間で合格している人がたくさんいます。

例えば、将棋の７大タイトルの一つ「竜王」を獲ったことのある糸谷哲郎八段は、大阪大学の文学部を卒業し、大学院にまで進んでいます。あるいは、片上大輔六段（ともに２０１７年１月当時）は、東京大学の法学部を卒業しています。多くの人間にとっては、東大に入るよりも将棋のプロ棋士になるほうが難しいでしょう。ところが、プロ棋士に勝てるほど優秀になったＡＩが、いまだに東大に合格できないのです。

なぜＡＩにとって東大合格が難しいのかについては、山川さんに専門的な観点から説明してほしいと思っています。私からは、新井さんがプロジェクトを断念するにあたって、大変不気味なことをおっしゃっていたので、それを紹介したいと思います。

東大プロジェクトを断念した理由、ＡＩが東大に合格するのが無理な理由は、読解力のなさだったそうです。つまり、ある程度の長さをもった文章について、文脈を理解して読み解くことが、ＡＩはきわめて苦手なのだそうです。

「人間には読解力がある」という思い込み

私も詳細は理解していないのですが、国語の問題を解くときに、ＡＩは文脈が読めていません。例えば「下線部の文章は、何を示しているのでしょうか。1～4番のうち、もっとも適するものを選びなさい」という問題があったとしましょう。人間なら、下線部の前後の文章を読んで、ここで何を表現しているのかを考えますよね。しかし、ＡＩは、「長すぎる文章と一番短い文章は不正解であることが多い」というきわめて形式的なことを学習して答えるのだそうです。そういう、出題意図とはまったく関係のないテクニックを磨くことで、無理矢理に高確率で正解にたどり着く方法を身につけ、偏差値58くらいまでいったそうなんです。

でも、ちょっと考えてみてください。偏差値58っていったら、普通の人の感覚からしたら、かなりお勉強のできる人ですよね。佐藤さんの自動車運転のたとえでいえば、合理的に判断して、正しい方向にハンドルを切れる人でしょう。東ロボくんには読解力がないのに、偏差値が58もあるということは、東ロボくんに読解力で劣る中高生がたくさんいる可能性がある、ということになります。要するに、私たちは「人間には読解力がある」と思っていますが、「本当に読解力があるのか」ということを考えなければいけないはずです。

「ＡＩを知る」というのは、純粋に技術としてＡＩを知る、便利な道具として使いこなすということとは別に、人間の限界を教えてくれるのではないでしょうか。ＡＩと人間を比較することによって、人間に何ができて、何ができないのか、ということが見えてくる。そういうところに、私は興味をもっています。

そこで、そのＡＩの限界ということを考えると、「倫理」に続いて、今度は「読解力」がキーワードになります。

トランプの発言に熱狂した人たちがたくさんいます。でも、トランプの発言をまじめに分析していくと、事実でないことに基づく発言や、相互に矛盾する発言がかなり目立つはずです。それにもかかわらずトランプ現象が起きたということは、トランプの言っていることが支離滅裂であることに気づかない人が相当数いた、ということではないでしょうか。トランプの話す内容について、文脈を読み解くこともしないまま、好みのキーワードに反応してワーっと盛り上がる。例えば、「ヒラリーを牢屋に入れろ」と言うと、ファンが大いに盛り上がるのです。しかし、ほんの少しでも冷静に考えてみれば、なんでヒラリーを牢屋に入るのか、そんなことが合法的にできるのかと考えてみれば、トランプ氏の言っていることはありえない発言だとすぐにわかるでしょう。

人間が文脈をきちんと読み解けているのだとすれば、そんな根拠のない話には反応しないはずです。しかし、実際には、私たちは反応してしまう。ＡＩ研究を通じて見えてきた「人間の限界」みたいなものが、トランプ現象を理解する上で大切なのではないかと、私は考えています。「トランプがＡＩだ」ということとは別に、トランプ現象を引き起こしてしまう「人間の限界」を考えるためにも、トランプ現象とＡＩをつなげて考えてみなければならない、と思ったわけです。

憲法学者はＡＩとトランプ現象に何を見る

このようなわけで、私は、「倫理」や「読解力」とは何なのか、それを身につけるにはどうしたらいいのかを考えるために、ＡＩについてどうしても知る必要があると考えました。そして、ＡＩの専門家である山川さんに、ぜひお話を伺いたいと思いました。山川さんにＡＩの話を伺った後ならば、佐藤さんのお話がより立体的に見えてくるのではないかと、とても楽しみにしております。

さて、これだけですと、憲法学者の私がここにいる意味がわからなくなってしまいます。もちろん、一私人としてトランプにもＡＩにも興味があるのは事実ですが、憲法学者としても、これには特別な興味をもっています。

ことわざに「馬の耳に念仏」というのがあります。馬に念仏を聞かせても、そのありがたみがわからないことから、「人の意見や忠告に耳を貸そうとせず、少しも効果がないこと」のたとえとして使われることわざです。

憲法もまったく同じです。憲法には、人権とか民主主義とか、国家を運営する上でとても大切なことが書かれています。しかし、国家を運営する権力者が、その内容を理解し、きちんと運用できなければ、憲法はただの紙切れとなってしまいます。国民主権の下では、すべての国家権力は国民に由来しますから、究極的には主権者である国民が憲法の意味を理解していなければ、憲法に託された国家運営の秘訣がすべて無駄になってしまいます。憲法を使う人たちが、憲法の内容をきちんと理解できていなければ、憲法に従って国家を運営しているつもりでも、おかしな出力が出てきてしまいます。

憲法をしっかりと使いこなすためには、人間にはそれなりの能力が必要なはずです。その能力とは何なのか。トランプ現象とＡＩへの理解を深めることで、「憲法を動かす前提」についても理解の道が開かれるのではないかと期待しています。

用語解説

＊1　ラストベルト

さびついた工業地帯。米国の中西部地域と大西洋岸中部地域の一部にわたる地域。かつて米国の製造業と重工業の中心として繁栄したが、１９７０年代に激しくなる国際競争への対応策として、多くの製造業者がアメリカの他の地域やメキシコに工場を移転した。そのため経済が悪化、工場閉鎖にともなって失業者が増加した。

第3章

人類はAIを
コントロールできるか

山川 宏

1　「ＡＩとは何か」を考える

ＡＩの定義に明確な合意はない

ドワンゴ人工知能研究所の山川です。ご依頼をいただいたときは、かなり無茶ぶりだなと感じました。私もインタビューやシンポジウムの依頼を受けることは多いですが、今日のテーマは普段話す内容とはまったく違います。佐藤さんとも木村さんともこれまでご一緒したことはなかったので不安もありました。しかし、そういう「ちょっと無茶かな」というところから新しい発見が生まれることはよくあります。良い機会と思い、依頼をお受けしました。

私は技術側の人間です。全脳アーキテクチャ・イニシアティブ[*1]というNPOの代表を務め、人類と調和したＡＩの開発を目指しています。富士通というＩＴの会社で20年ほど働いて、２０１４年からドワンゴが設立した研究所で、人工知能の研究を進めています。

ＡＩ研究とひと口に言っても、人によってやっていることはかなり異なります。例えば、将棋に特化して、プロ棋士に勝てるＡＩをつくる人もいる。あるいは、クイズ問題に正確に答えられるＡＩをつくる人もいる。そうしたＡＩは、「特化型ＡＩ」と呼ばれています。

これに対して、私が研究しているのは、さまざまなタスクを解決できる「汎用型ＡＩ」です。汎用型ＡＩを開発するアプローチには、あらゆる分野の特化型ＡＩを束ねるという考え方もありますが、私は、一つの仕組みでさまざまなタスクをこなすという意味で汎用性をもった知能を目指すアプローチで研究を進めています。その際、全脳アーキテクチャ・アプローチ[*2]、つまり、神経科学の研究成果を参照してより人間の脳の機能に近づけるという方針を採用しています。

近年、神経科学も急速に進歩していて、脳内の大雑把なネットワークであるコネクトーム（神経回路の地図）はかなりわかってきています。こうした知見は、全脳アーキテクチャの開発に利用できるわけです。

先ほど木村さんが、関心のスタート地点は、「ＡＩはトランプを選ぶのか」ではなくて「トランプはＡＩではないのか」という点にあったのだと話していました。

まず、ＡＩとは何なのかということを簡単にお話ししたいと思います。２０１５年に『人工知能とは』（人工知能学会監修、松尾豊編著、近代科学社）という本が出ています。人工知能研究の最先端を行く13人の研究者がそれぞれ「人工知能とは何なのか」を再定義しようとしているのですが、みんな違うことを書いている。つまり「ＡＩは何なのか」ということについて、明確な合意点はない。研究者の間でも、「人工的な知能をつくるんだよね」というぐらいのところまでしか合意できていません。ただし、専門家としてははっきりと言えることは、「ＡＩは物理的なロボットである」とは限定できないことです。なぜならＡＩの本質は知的な情報処理のプロセスであり、インターネット上での商品の推薦のサービスのように、人や動物のような身体をもたないかたちでも存在しうるからです。

ＡＩを発展させた3つのブーム

人工知能には、現在までに３回[*3]のブームがあったと言われています。第一次ブームは、１９５０年代のことで、コンピュータがゲームで人間に勝つ、ということを主に研究しはじめました。このころの人工知能は、人間の知識をどうやってコンピュータにつくりこむか、つまりプログラムするかということ、そして、その知識を使って適切な推論を行うことが研究されていました。

１９８０年代に、第二次ブームが起こります。感染症の診断について、スタンフォード大学の開発したコンピュータによる診断のほうが、新米医師による診断よりも優秀だったことで、世界中でブームが起こりました。また、その少し後に、人間の神経回路をモデルにして、重要な情報を選んで結びつける、ニューラルネットワークという技術も第二次のブームを迎えました。これは、人間のもっている経験知をコンピュータに伝達するために、人間のプログラミングによるのではなく、機械がデータを読み込んで自分で学習する、「機械学習」[*4]という技術の一つです。ただ、当時の計算機ハードウェアでは処理できる情報量に限界があり、入力したデータを重みづけした中間結果をつくり、それをさらに組み合わせて出力するという、３層程度の構造が実用上の限界でした。

しかし、２０１０年代になって、第三次のニューラルネットワークブームが起こります。ハード面が飛躍的に進歩し、さらに、重みづけを調整する学習アルゴリズムも改良されたことで、ニューラルネットワークの層を5層、10層と増やすことができる「ディープラーニング」[*5]というものに発展しました。

ところで、機械学習はとらえどころがない、としばしば言われます。ある意味、これは当然だと思います。例えば、「社会とＡＩ」とか、「社会と車」と言われれば、その関係性はよくわかるし、どんな問題が生じるかも議論できるでしょう。しかし、「社会とエンジン」についての議論が難しいように、「社会と機械学習」の関係性となると、よくわかりません。なぜなら機械学習というものは、基本的には知的能力を発揮するＡＩ技術の部品です。車がＡＩだとすると、エンジンのようなパーツにあたるのが機械学習と言えるでしょう。

ＡＩにまつわる３つの疑問

ＡＩに関する疑問でよくあるのが、「ＡＩは道具か」という問いです。いまのところは、ＡＩはほぼ道具と言っていいでしょう。人間のやってほしいことをやるだけだからです。例えば、ネット検索というのはＡＩの典型例ですが、これは人間の指定した検索ワードに従って、関連する情報を探す技術です。ただ、今後研究が進展していく中で、ＡＩを道具以上のものにしたいという要望も高まってくるでしょう。人間よりも優れた判断をし、人間に指示をする側になるということもあるでしょう。

続いてよく聞かれるのが、「ＡＩは常識をもつか」という問いです。ＡＩ研究の世界では、「常識をもたせる」というのは、ＡＩ研究の最後に残される難しいテーマであろうと言われています。常識をもつことと、木村さんが言った「コンテクスト（文脈）を理解する」こと、この能力はいまだ実現できていません。言葉の表面的な意味を理解しただけでは、深いコミュニケーションにはなりません。きちんとした会話をするには、その言葉の背景に何があるのかを理解する必要があります。つまり、聞かれたこと以外のこと、常識をたくさん知らなければいけないのです。これは、ＡＩ技術の完成において最終関門の一つでしょう。

ただ、「ＡＩはまだ実現されていないのか」と問われれば、そうではありません。そもそもこの問いには、「ＡＩとは何なのか」が決まらないと答えられません。しかし、人工知能研究者の間ではこういう法則が知られています。「ＡＩ技術は実現されるとＡＩとは呼ばれなくなる」。これはＡＩ効果と呼ばれています。この法則が今後も成り立つなら、ＡＩは常に実現されていないことになる。ある研究課題が実現すると、１～２年はＡＩと呼ばれるのですが、その後は呼ばれなくなります。例えば、ディープラーニングは、来年ぐらいにはＡＩと呼ばれなくなる予定です。古い例で言うと、スマホのかな漢字変換であっても、デビュー当時はＡＩと呼ばれていたのです。

２　人間とＡＩは共存できるのか

なぜプロ棋士の敗北が残念だったのか

ここで、ＡＩに対する人間の感情について考えてみたいと思います。ドワンゴは２０１２年の米長邦雄さん（将棋連盟会長：当時）とボンクラーズの対局以来、プロ棋士と将棋ソフトが対局する電王戦というイベントを開催してきました。２０１５年に行われた電王戦ＦＩＮＡＬ

では、3勝2敗でプロ棋士側が勝ちました。電脳戦は、これまでほとんど将棋に興味をもっていなかった人々からも大きな注目を集めました。人間がAIに抜かれていくのはかなりの衝撃をもたらして、すごく盛り上がった。でも、ちょっと考えてみてほしいのです。自分が負けたわけではないのに、プロ棋士が負けるとなぜ残念なのか。電王戦では、AIを応援する人はほとんどいません。番組中の演出においてもAIは応援してもらえません。どうやら、AIに人間が抜かれていくのは、多くの人にとって嬉しくないことと感じられるようなのです。

ただ、人間がいくら嫌がったところで、AIはここ数年の間にも急速に賢くなってきています。その典型例が、ディープラーニングと強化学習の組み合わせです。強化学習というのは機械学習の一種です。ある環境において、適切な選択をすると報酬がもらえる（より正確には、報酬の期待値が上がる）ように行動することで、その報酬が最も多くもらえるような行動ルールを自らどんどん強化していくという方法です。意思決定を行う強化学習にディープラーニングを組み合わせたAIは、飛躍的な進化を遂げています。

大人のAIは子どもでもできることほどできない

2016年3月に、「アルファ碁」が囲碁のプロ棋士に勝ったというのが大きなニュースになっていましたが、ちょっと前までは、囲碁でプロ棋士に勝つには、あと10年はかかると言われていました。それが、強化学習とディープラーニングを組み合わせることで、あっという間に実現してしまいました。

「大人のＡＩ」と「子どものＡＩ」の話をしたいと思います。「大人のＡＩ」とは、大人だからこそできることをするＡＩ。これに対して「子どものＡＩ」とは、子どもでもできるようなことをするＡＩです。子どものできることほど、ＡＩで実現することが難しい。それが従来のＡＩ研究分野における共通認識でした。「人工知能」という言葉が生まれた１９５６年から、２０１６年でちょうど60年になりました。「計算機の計算速度は指数関数的に速くなっていく」というムーアの法則[*6]がありますが、人がプログラムできるところは、計算速度がどんどん上がるのに応じて、性能も向上してきました。「大人のＡＩ」は、そこに足並みをそろえて向上してきたのです。

しかし、「子どものＡＩ」はそうではありませんでした。人間ならば1歳になるころには、「モノが見えるようになったり」「モノがつかめるようになったり」するでしょう。最初のうちはぎこちなくても、小学生にもなれば大人と同じくらいにまで熟達します。ＡＩには、それがずっとできませんでした。この現象は「モラベックのパラドックス」と呼ばれています。

しかし、ディープラーニングの登場が、この困難を克服しました。２０１２年に、グーグルの開発したグーグル・ブレイン[*7]が、ネコの概念を学習することに成功したのは印象的でした。

そのころからはじまり、いまはまさに第三次ＡＩブームです。計算機のアルゴリズム（計算手法）は、多くの研究者が20年前に研究していたものと大きくは変わりません。しかし、計算機の速度が向上したことに加えて、データの量が増えたことで、ようやく子どもの能力が実現できつつあるのです。しかし相変わらず、どうしてそれができるのか、その中身がどうなっているかは、理解できずじまいです。

これまで難関であった子どもの知能が実現されれば、あとは大人の知能と組み合わせて、ＡＩを人間レベルに到達させることができるのではないかと夢が膨らみます。それを実現する上で超えるべき一つの大きな技術的ハードルが、「汎用性の実現」です。

汎用性とは何かについて、簡単に説明しましょう。当たり前のことですが、「アルファ碁」は碁しかできません。世界トップの棋士に勝てるまでになっているのに、アルファ碁は買い物も洗濯もできません。これに対して人間の棋士は日常的な作業もこなせるはずです。

第一次ＡＩブームの１９５６年ごろには、機械で知能をつくろうとした人は、しばしば人間のような知能をつくりたいと夢見たと聞きます。しかし、全然できなかった。一方で現在のＡＩは、少なくとも何か特定のタスクに限定すれば上手にこなせるレベルに達している。

そこで、この先、汎用性をもったＡＩができてくると実現するであろうことがあります。例えば、未知の危険を予測して行動を選択できるＡＩがあったら、とても便利ですよね。ドワンゴＡＩラボにはお掃除ロボットのルンバがいますが、夜中に動かすとよく遭難します。ルンバをつくっているアイロボット社があらゆる部屋を想定して、「こういうときには、こういう方法で危険を回避しろ」と作っておくことはできないこの遭難は、しかたがないことなのです。ルンバを使う側としては、ルンバが自分で部屋のことを理解して、「こういうときには危険を回避しなければいけない」と判断できるようにしたい。でもこれはＡＩにとってかなり難しいことです。設計時において、現実に起きることをすべて想定させることはできません。ＡＩは、想定外に特に弱いという特徴があります。

「職業大陸」と「機械の海」——ＡＩは人の職業を奪うのか

最近のメディアでは、「こんな仕事がＡＩに奪われる」という特集をしばしば目にします。これに関連して、経済学者のロビン・ハンソン[*8]さんが10年くらい前にこんな話をしていました。職業を「大陸」、機械を「海」としましょう。機械は人間の経済活動の生産性を上げるので、機械の能力向上によって「職業大陸」の標高は高くなります。また、機械の能力が上がることで、「機械の海」の海面も上昇します。これにより水没した部分が、失われた職業です。人間は「道具の使用」「産業革命」「情報革命」と機械化を進め、生産性を向上させてきましたが、その反面で、消滅した職業もたくさんあります。このお話で一番重要なのは、「職業大陸」の面積が次第に狭くなることです。道具や機械が高度化すればするほど、それを使える人間は減る。だから「職業大陸」はやせ細っていきます。山を登れる人（仕事がある人）とそうでない人（仕事を奪われた人）の間で、これまで以上に経済格差が広がります。ＡＩ技術の進展によってこういうことが起こることは、以前から予見されていたのです。

こうして格差が広がれば、それは社会を不安定化する要因となるでしょう。これを解消するために、ベーシックインカム[*9]の導入が必要であるという議論があります。こうした未来があるとすれば、「働くことが美徳」という考えとは、別の価値観が必要となるでしょう。

3　人工知能学者が思い描く世界

ＡＩと社会の接点を考えるために

ビジネスなどにおいて競争に勝つためには、現在では、ＡＩをうまく使える人が一番有利です。チェスの世界でいうと、チェスの名人とＡＩが組んでも、あまり強くならない。むしろＡＩ使いとＡＩのペアが最強なのです。こうしたことを踏まえて、私は、ＡＩと社会の接点を考える前提として大事なことを、３つくらい考えてきました。

第１に、ＡＩはデータから学習するので、ＡＩが何を判断基準として動作しているのかを完全に理解するのは無理だということです。そもそも、理解できないような大きなデータを使いたいから、ＡＩを使うのです。人間がすべて理解できる程度のデータを扱うときは、ＡＩを使う意味は大幅に低減します。

第２に、ＡＩに自律性をもたせるというリスクをとらなければ、使い勝手の良いＡＩにはならないということです。「自律性をもたせると完全に制御できないのではないか」という意見があります。しかし、「ガキの使い」のごとく、いちいち指示が必要なＡＩは便利ではありません。自律性が高いからこそ、想定外のことにも対応可能になるわけです。つまり自律性をもたせたいが、もたせると危ない、そこをどう折り合いをつけるかが大きな課題です。

第３に、ＡＩには、自ら新たな目標を設定できる能力があるということです。先ほどお話した「アルファ碁」の主な目標は、「囲碁に勝つこと」です。「囲碁に勝つ」という目的を達成するためには、勝負中のある局面の良し悪しを評価する必要があります。そして、「良い局面」にすれば勝ちに近づくので、「良い局面にする」ことが目的化します。これはどういうことかというと、ＡＩには、手段を目的化する性質があるということです。

これは、ＡＩに限ったことではありません。人間であっても、生まれたばかりの赤ちゃんにとっては、単純に生き残るために母親から授乳されることなどが最大の目的です。しかし、成長するにつれて、「人に好かれること」とか、「おいしいものを食べること」なども目的となっていき、時には「たくさんお金をもつこと」が目的になります。寓話に、強欲な王様が、触ったものを何でも黄金に変える力を手にした末に、最後には大切な娘までも金にしてしまったという話がありますが、AIでも、似たような話が起こりうるわけです。

ジェイムズ・バラットさんは、『人工知能 人類最悪にして最後の発明』（ダイヤモンド社）の中で、「クリップ・マキシマイザー」という仮想的なシナリオを紹介しています。単に「とにかくたくさんクリップをつくれ」との命令を与えられたAIは、この世のあらゆるものをクリップにしようとしてしまう。クリップの生産を最大化するために必要な、自己保存や自己増殖といったことも追求しはじめて、最後には人間も全部クリップにしてしまうだろうと。

この3つの話は相互に関連しています。例えば、あるロボットがいて、「座れ」と命令すれば素直に座るが、「進め」と命令しても拒否したとします。どうしてかというと、このロボットは岸壁の突端にいるので「進むと落っこちて壊れてしまう」と判断したから、命令を拒否したのです。「進め」という命令に従うと壊れてしまうので、それは避けたい、かといって人間の命令に従わないのも大問題です。これを解決するために必要なのは自律性です。有用さを求めると、「AIは道具だ」という考えからは踏み出していかざるをえません。つまりAIの「完全な理解」と「完全な制御」と「目標設定」は難しいのです。

現在、総務省では、ＡＩ研究の開発に関する８原則、「透明性」「利用者支援」「制御可能性」「セキュリティ確保」「安全性」「プライバシー保護」「倫理の尊重」「アカウンタビリティの原則」について議論しています。しかし、落としどころを探るのは、やはりなかなか難しい。

人間にAIはコントロールできない

こうした議論に関わりながら、個人的にこの1年半で思ったのは、「万人の幸福と人類の存続のトレードオフを取ることが大事だ」ということです。ここでいう「万人」の中には、死者は入っていませんが、未来の人は入っています。未来の人について十分な配慮をすることが大事だと考えています。

この問いに対する答えを導くのは容易ではありませんが、その懸案をむしろＡＩに計算してほしいと思います。私は、ＡＩの成果は特定の組織などが独占するのではなく、共有財産にすべきものだと考えています。多くの人々に富を分配するかたちにしたいのです。また、ネットワーク化したＡＩは次第に広大な大自然のようなものになっていくので、人間がＡＩを完全にコントロールすることはできません。とはいえ、なんとか緩やかにコントロールする必要があります。

現在、世界中でＡＩ研究が始まり、投資の集中が起きています。ＡＩはビジネス価値が高く、これから先もＡＩ研究は進歩していくでしょう。包括的な意味で人間を超えた汎用的なＡＩはまだできていません。しかし、そう遠くない未来に実現できると思います。いろいろな意見はありますが、２０４０年くらいという説をよく耳にします。いずれにしてもそのインパクトは非常に大きい。

ＡＩが発展するにつれ、その知的能力は高まり、もたらされる恩恵とともにリスクも増加していきます。しかしたとえ、人間の脅威になる部分がＡＩにあったとしても、その進展を止めることは困難です。なぜなら、ある国がＡＩ開発を禁止しても、他国でだれかがつくってしまえば、禁止令に実効性が生まれません。ＡＩの技術進展が不可避だとすれば、その技術を全人類にとって優しいものになるようにしたい。こうして、人類と調和したＡＩがある世界を実現することを目指すべきと考えます。そしてそれを実現するためには、ＡＧＩ（汎用人工知能）の開発自体が全人類に向けて開かれたものであるべきでしょう。

用語解説

＊１　**全脳アーキテクチャ・イニシアティブ**

２０１５年に設立されたＮＰＯ法人。人類社会と調和した人工知能の発展に資することを目的とし、開かれた研究開発コミュニティにより汎用人工知能の技術開発を長期的に促進することを目指している。代表は山川宏氏。

＊２　**全脳アーキテクチャ・アプローチ**

汎用人工知能を実現するための研究開発アプローチの一つ。人間の認知機能を機械学習の組み合わせとして捉え、コンピュータ上で再現する。アーキテクチャとは、情報システムの設計思想や設計方法、及び、それに基づいて構築されたシステム構造のこと。このアプローチでは、人工知能開発において、脳のアーキテクチャを参照しつつ共同開発を行うこと、およびいまだ実現されていない計算機能のヒントを脳から得ることを目的としている。人工知能は現在、データを十分に得られる分野に限定すればよい性能を得られているが、汎用性の実現には至っていない。人間の脳では汎用性が実現されているため、脳から学ぶという設計アプローチを取ることが有望とされている。

＊３　**３回のブーム**

第一次ブーム（１９５０年代後半～１９６０年代）：迷路やパズルを解いたり、難しい定理を証明したりする人工知能が登場。第二次ブーム（１９８０年代）：コンピュータに知識を入力し、さまざまなことに対応するシステムが実現したが、知識を記述、管理すること、膨大なデジタルデータを取り扱うことが難しいため、１９９５年ごろから再び停滞。第三次ブーム（現在～）：機械学習やディープラーニングの登場、ビッグデータの普及により、知識を大量のデータから得ることが可能になった。

*4 **機械学習**

人工知能の研究分野の一つ。人間がもつような学習能力をコンピュータプログラムで実現する技術。

*5 **ディープラーニング**

「機械学習」の一種。コンピュータが大量のデータを基にして、自ら特徴量を獲得できることなどでインパクトを与えた。神経素子を何層にも重ねるため「深層学習」と呼ばれている。トロント大学（カナダ）などが研究を重ねて完成。第三次ＡＩブーム到来の要因の一つとなった。松尾豊・東京大学大学院特任准教授はディープラーニングを「人工知能研究における50年来のブレークスルー」と評価している。

*6 **ムーアの法則**

「半導体の集積率が18カ月で2倍になる」という経験則。つまり、半導体の性能（コンピュータの計算能力）が1年半で2倍→3年で4倍→4年半で8倍と指数関数的に向上するという法則。

*7 **ネコの概念を学習**

米グーグル社が２０１２年に開発したＡＩが、１０００万枚の猫の画像を見せられて学習した結果、人間に教えられなくてもネコの特徴をつかむことに成功したという研究成果。

*8 **ロビン・ハンソン**

ジョージ・メイソン大学の経済学者。「ロボットが人類のほぼすべての仕事を肩代わりしてくれるようになったら、人類は年金生活に入ればよい」と述べている。

*9 **ベーシックインカム**

政府が国民の生活を最低限保障するため、年齢・性別等に関係なく、一律で現金を給付する仕組み。

第4章

AIの尊厳とは何か

佐藤 優・山川 宏・木村草太

「AIはトランプを選ぶのか」をテーマに討論する（左から）佐藤優氏、木村草太氏、山川宏氏
（写真：徳野仁子）

1　2017年はAI開発の特異点となったのか

AIは東大よりも芸大入試向き

木村　では、討論を始めたいと思います。最初に、山川さんに少し補足をしていただきたい点があります。ロボットは東大に合格できるのかという「東ロボくんプロジェクト」では、「物理が難しい」という話がありました。なぜAIにとって物理の問題が難しいのでしょうか。

山川　文章問題では多くの場合、解答すべき文字列が文中に埋めこまれています。現在のAIが頑張れば、それら文字列の表層的な関係から正解を導くことはかなりできます。しかし、物理の問題では問題文に対応した図面が描かれています。重りのぶら下がった滑車の絵とかですね。

問題を解くには、そもそもその絵が滑車だということがわかる必要がある。しかし、問題文には、滑車というものは真ん中がぐるぐる回るものだ、重りというものは重くて、これはひもであるとは書いてありません。しかもその絵は、かすれた絵だったりします。私たち人間なら、それを読み解くのは当たり前にできてしまいます。しかし、もしそれができない状況で「問題を解け」と言われたら、人間でもかなり難しいでしょう。

それは広く言うと、一般常識とか文脈の理解という問題になります。ＡＩはその辺全般がいまだほとんどできません。こうした「多面的な理解」は、「汎用性」にもつながってくるでしょう。それは、今後の技術課題で、一番注目を集めているところです。それが本当にできるのか、できるとしたらいつできるのか。その点は、ＡＩが本当に人間を超えられるかどうかの一つのランドマーク（目印）になるでしょう。

佐藤　関連して伺いたいのですが、「東ロボくん」はいま、センター試験ではなく、二次試験を対象としていますね。もしも東京芸術大学を受けようと思ったら、「東ロボくん」はどれくらい対応できるのでしょうか。例えば、8時間かけてお面をつくって、そのお面を被ってあなたの主張を5分以内で述べなさい、という課題に対応することはできるのでしょうか。

山川　クリエイティビティ（創造性、独創力）の話と考えると、ＡＩ研究者の中では、意外といけるのではないかと考える人が増えています。ただしいま、佐藤さんが言われた問題は、けっこう高度ですね。これを解くには、お面をつくるパートと、お面に対して説明を付けるパートとに分けて考える必要があります。

まず、お面の説明をするパートについて言えば、現在でも、「ある写真を見せる。４人の男性が写っている。その4人の男性についてライブストーリーのような説明をつけよ」というようなことは、データが十分にあるので結構できます。

次に、お面をつくるパート、物や画像を生成するほうについては、例えば2016年にマイクロソフトなどのチームが、オランダを代表する画家・レンブラントの全作品をAIを用いて分析して、3Dプリンターで創作した肖像画を発表しています。有名画家の作品に見えるものを創作することに成功しているのですから、画像を生成することはできます。だから、現在の技術を合わせて、かなりチューニング（調整、最適化）すると、芸大のその課題に応えることは一応できるかもしれません。

佐藤　いまの説明を聞いて「東京芸大に合格せよ」というプロジェクトは意外に成功するのではないかと思いました。それはどういうことかというと、試験委員を事前に調べて、その過去の論文や作品などのデータを全部入力しておけば、その人の傾向がわかります。試験委員に関するデータさえあれば、人間がつくるよりも、もっと試験委員のツボにはまる回答ができるのではないでしょうか。

山川　クリエイティビティの問題は、最後は評価の問題になります。ドワンゴ内での研究例では、ある静止画（イラスト）がネット上でどれくらいウケそうかを予測する試みがなされています。過去の「ウケる静止画」のデータ、つまり「いいね」のポイントの履歴を利用して、新しく描かれた作品に対する評価を行えるのです。

佐藤　ということは、東大の二次試験でも、もし出題者が事前に判明していれば、ある段階で「東ロボくん」の解く力が、人間より高くなるのではないでしょうか。

木村　それについては、面白い話があって、「世界史はマルクス主義史観で解くと受かるらしい」ということを「東ロボくん」も学習したらしくて、マルクス史家っぽく解答を書くらしいですね。

佐藤　それは正しいように思えます。そうすると逆に、神道系の皇学館大学の小論文のほうが難しいかもしれないですね。

木村　確かにそうですね。

東ロボくんでは読解力が難しいという話でしたが、これからAIが読解力を身につけていくプロセスはどのようになると予測されるのでしょうか。また、もしもAIがそのプロセスで読解力を身につけられたのだとしたら、読解力のない人たちに同じことをやれば、読解力が身につくのではと考えるのですが、いかがでしょうか。

山川　物理学で必要とされるような意味での読解力は、一つの能力でできているわけではないと思います。まず、自分の目の前に起きている現象を認識する能力や、さらにそれを脳の中で記号とか文章中の言葉に結びつける能力が必要です。前者は、ディープラーニングを使えるようになる以前は、かなり難しい技術でした。でも、ディープラーニングという技術を使うことで、グーグルはネコの認識に成功した。ＡＩがネコっぽい「内的なイメージ」つまり、コンピュータにとっての「ネコの概念」を形成するところまではできるようになったわけです。今後、技術が進展していく中で、後半部の「イメージと言葉を結びつける」というところが進んでいくでしょう。

「イメージと言葉を結びつける」際には、言葉が日本語でも英語でも同じことです。だから、この技術が確立すれば、言葉のイメージを介した日英翻訳ができるようになる可能性もあります。

内的なイメージのベースになる情報は視覚情報に限らず、音でも匂いでもよい。こうすることで、さまざまな言語を互いに結びつけることができるようになるでしょう。それは、ここ3年とか5年の間で実現する可能性が十分にあると予想します。

トランプは神の声を聞いたのか

木村　次に議論をトランプ現象までさかのぼってみたいと思います。佐藤さんの見立てでは、トランプの背後には、かなり強い信仰心があるのではないかということでした。信仰心は心の中の問題ですが、トランプは具体的な行動の水準では、どんなアウトプット、どんな行動をもたらすと考えていらっしゃいますか。

佐藤　具体的なアウトプットとしては、トランプの置かれた文脈からしても、かなり私自身に寄ってくると思います。

私自身もカルヴァン派という自己認識をもっていますから、ある意味ＯＳ（中核的なソフトウェア）はトランプと一緒です。トランプが何を考えているかは、だいたいわかります。私とトランプの特徴をひと言で言えば、「試練の人」です。逆境になったときに、普通の人ならば折れるか反省するのでしょうが、私も彼も反省しません。表現をどうするかは別として、「自分は絶対正しいんだ」と深く思っています。だから私は、不当な嫌疑で勾留され、獄中で５１２日を過ごすことくらい、なんとも思わないのです。トランプも、多少たたかれてもなんとも思わないはずです。

これは旧約聖書のヨブ記[*1]の話に近いですね。悪魔は段々進化して、サタンからルシファーやメフィストフェレス（キリスト教の民間伝承で伝わる悪魔。ゲーテの戯曲『ファウスト』にも登場する）になっていきますが、ヨブ記のころは、まだ悪魔（サタン）が神様と近い関係にありました。昔は神様の会議に悪魔が出ていたのですね。

悪魔は神様に、「ヨブという立派なやつがいるが、散々いじめてやれば絶対裏切るから」と言います。そのせいでヨブは大変ひどい目に遭わされますが、神様を一切裏切りませんでした。友達に、「そんな神様、信じるのをやめたほうがいいよ」と言われても、ヨブは信じ続けた。また、ある友達に、「こんなひどい目に遭ったお前は、悪いことしているのだろう。認めろ」と言われても、それを認めない。数々の苦難を経て、最後は「よし」と神様が許してくれるという、摩訶不思議な話ですが、それがヨブ記の世界です。

ちなみにイタリアの哲学者、アントニオ・ネグリ[*2]も獄中でヨブについて書いていますね。ヨブ記を読むと、あの人が変な人だということがよくわかります。

木村　いま、佐藤さんは獄中の500日なんてなんとも思わないとおっしゃいましたが、佐藤さんの書籍のプロフィール欄には、いつも「前科がある」と書かれています。私はいつも、「自分から前科を書くなんてすごい人だ」と見入ってしまいます。トランプは、自分の信念のためなら何をやってもいいと思っている、そういう方なんですか。

佐藤　そう思います。神によって選ばれているからこういう試練に遭ってもしかたない、という発想です。「俺はこんなことやりたくないんだ。しかし、神様がやれと言っている。だから、やるしかない」そういう感じです。ちなみに、「イスラム国」で殺害されたとされるジャーナリストの後藤健二[*3]さんもカルヴァン派的な発言が見られます。後藤さんには「湯川遥菜《ゆかわはるな》さんがイスラム国によって拘束されたのに、みんなが彼を見捨てている。しかしお前は彼を助けに行かなくてはいけないんじゃないか」と神の声が聞こえたのでしょう。

だから、だれが何を言っても彼を止めることはできません。彼は目立ちたいから行ったのでも、テレビ局に何か画像を売りたいから行ったのでもありません。「これが神様から与えられた自分の使命だ」という神の声が、彼には聞こえたのだと思います。

トランプにも何か神の声が聞こえていることは確かでしょう。それでいま心配なのは、先ほどした「毒麦のたとえ」です。トランプはイスラエルについて、「そろそろ実が熟すころだ。毒の麦と良い麦を仕分ける時期にきた。そのきっかけをつくればいいんだ」ぐらいのことを思っているかもしれません。もし思っているとしたら、これは第五次中東戦争、第三次世界大戦になりかねない。そのリスクを負っている気がします。

木村　なるほど。トランプは、神の声として明確な目的を与えられているので、それ以外のことすべてが手段になってしまっている。そのことは「ＡＩ的」だなと感じます。ＡＩも目的が与えられれば、あらかじめ禁止の命令が出ていない限り、目的を実現するためにあらゆることをしようとします。目的が与えられていて、禁止されていなければ何をやってもよい。トランプ政権のリスクというのは、ＡＩの技術としてのリスクと同じものをもっていると感じます。

佐藤　その点はありますね。ただし、トランプの不思議なところは、一番目の奥さんとも、二番目の奥さんとも、三番目の奥さんとも、良好な関係を維持しているんですよ。私なんか一回しか離婚していないけれど、離婚経験のある人はだいたい、子どものためにやむを得ず相手と会っているが、できれば会いたくないと思っているはずです。しかし彼は愛の人ですから、一番目の人とも二番目の人とも三番目の人とも仲良くやっている。その上、彼の血族は結束が非常に強いですからね。旧約聖書のポリガミー（一夫多妻制）みたいですよね。そういうところからも、彼には特別な信念があるのは間違いないでしょう。ただ、その根っこの根っこを話す相手は、ものすごく限られているように思います。

中間選挙まではすでにプログラムされている

木村　なるほど。最後にひとつだけ、私の個人的興味としてお聞きします。佐藤さんの外交官の経験から伺いたいのですが、トランプは、選挙期間中は「集票の極大化」のために行動していたように見えます。しかし、大統領選に勝ってしまうと、「集票の極大化」という目標は意味を失ってしまいます。トランプが当選した後に何をやるのか、みなさん興味のあるところだと思います。

この点については、「意外と何も考えていない」という説が結構あります。私も最初はそう思っていました。何をきっかけにそう思ったのかというと、トランプは安倍首相やオバマ前大統領と就任前に会談しましたが、いずれの会談でも、予定時間をかなりオーバーしたそうです。これが何を意味しているのか。会議の常識からいうと、ダラダラ長くしゃべる人は、議論のテーマなどを何も考えていないことが多い。話すべきこと、結論を出さなければいけないことが決まっていれば、それなりにタイムコントロールするはずです。時間をオーバーしたということは、ダラダラ世間話が続いただけではないかと考えています。

私の素人的な外交評論では、トランプには当面の目標がないのではないかと思っているのですが、ここはぜひ、専門家である佐藤さんのお考えを伺いたいと思います。

佐藤　トランプはずっと聞き役に回っていたのではないでしょうか。彼はテレビ番組でインタビューの仕事をしていたから、意外と聞き上手だと思います。そうやって、日本の側は最大限の情報を吸われてしまったのではないかと思います。

ちなみに、当選の2年後までは、「集票の極大化」が彼のプログラムだと思います。それはオバマから学んだことです。オバマがあれだけ多くの支持を得ていたにもかかわらず失速したのは、中間選挙に負けたせいです。だから、その中間選挙（２０１８年11月）までは、「集票の極大化」が彼のテーマとなるような気がします。

いま、トランプは「在イスラエル米国大使館をエルサレムに移転する」と主張して、イスラエルにちょっかいを出しています。彼の読みとしては、これをやったほうが失う票よりも得る票が多いと思っている。その背景にはこんな事情があります。

1995年に米国議会は、イスラエルのテルアビブにある米国大使館を、エルサレムに移転するという法律をつくりました。ただ、その法律には、安全保障上の理由から行政府がそれを実行しないときには6カ月ごとに議会に報告するという規定が入っています。歴代の大統領は、議会に対して猶予の報告を繰り返してきました。トランプとしては、「私は議会で決めたことを止めません。どうぞ実行しましょう」と、別に独自のことをやろうとしているわけではない、というスタンスをとることができます。

他方で、イスラエルは、第三次中東戦争後、ヨルダン領とされていた東エルサレムを実効支配し、「統一したエルサレムはわが首都だ」と主張しています。もちろん、本音では、「国際社会はだれもそれを認めないんだろうな」と見透かして言っているところがあります。しかし、イスラエルは、自ら「統一エルサレムが自国の首都だ」と言っている以上、米国大使館のエルサレム移転を断るわけにはいかない。なおかつアメリカも、すでにエルサレムに大きな総領事館をもっているので、その看板を掛け替えるだけですみ、予算支出も要りません。

在イスラエル大使館のエルサレム移転は、トランプが「私は議会に延期してくれと言わない」と言えば自動的に実現してしまうのです。これは議会もわかっているし、国民も知っています。つまり「意外と票が取れるのではないか」と、トランプは計算しているのではないでしょうか。

木村　中間選挙までは「集票の極大化」というプログラムがあるから、それなりの抑制が効くとしても、中間選挙が終わると崩壊してしまうということはないでしょうか。

佐藤　その時点で、自分がやるべきことが、神様から降ってくるのではないかと考えます。

木村　トランプは、もともとお金持ちの上に、歴代の候補者に比べても選挙費用が安くすんでいます。つまり、強力な圧力団体から献金をたくさんもらっているわけではありません。そうなると、一体全体どんなことがインプットされるのか予測が難しくて、大変恐ろしいことではあると思うのですが、いかがでしょうか。

佐藤　娘がひと言耳元でささやけば、そのことがかなり実現するのではないかと思います。私が見たところ、トランプのようなタイプの政治家は、最初に耳打ちされたことから、考えるフレームをつくります。そのあとに言われたことは、全部抜けていることでしょう。そして会談の直前でもう一度耳打ちすると、そのまま話す。
会談の中では、この「耳打ち権」というのがとても重要で、最初と最後に耳打ちする人がだいたい勝つんです。その途中は全部関係ありません。

木村　「耳打ち」ですか。ＡＩでいうと、プログラムで目標設定する部分が「鍵」になるということですね。では、佐藤さんから山川さんに聞きたいことはありますか。

ＡＩが軍事利用される日は来るか

佐藤　軍事利用についてズバリ聞きたいと思います。ＡＩを軍事に使ったらいろいろなことができることがわかっていて、現在、イスラエルが使いはじめています。日本の安全保障で大きいのは、わが隣国、名目上はとっても民主主義的な国、朝鮮民主主義人民共和国（北朝鮮）も大きな関心をもつだろうということです。

日本が「ＡＩの平和利用」といくら言ったところで、平和を維持するためには、相手国よりももうひと回り強いＡＩと軍事力が必要になるでしょう。こういう核軍拡競争を思い出させるようなことが、ＡＩでも起きるのではないでしょうか。

山川　先ほどの基調報告部分ではＡＩの弊害の話をしましたが、「軍拡競争が起きるのでは」という問題提起は、目下一番起こりうる危険なシナリオの話ですね。これはＡＩに限った話ではなくて、あらゆる強力な技術が、良い技術となるか悪い技術となるかは、立場で変わってしまう。いかようにも使えるということです。人工知能学会には倫理委員会というのがありまして、軍事利用についてどういう態度を示すべきかについて議論が行われたことがあります。

ただしＡＩ開発の特性として、たとえ規制をかけても、その規制に引っかからないように、目立たないように隠れて研究ができてしまうから、軍事目的利用のＡＩ研究は、容易には止めがたいということがある。例えば、相手国を脅かすために、その国の重要人物を遠隔操作で攻撃できる、そういう自律的暗殺兵器をつくることは実現可能性が高くて、核よりも危険ではないかという議論はよくされています。

学会的な立場で言うと、軍事利用の研究を強く規制したところで、こっそりと研究を続けるのは防げません。あらゆる技術は軍事転用の可能性をもつため、「軍事利用できる可能性のある研究論文は投稿してはいけません」という規制は、実際のところ不可能です。「ＡＩ研究について、どのレベルで何を規制すべきか」について、学会内部でもずっと考えていますが、むしろみなさんの知恵をお貸しいただきたいところです。

佐藤　安全保障屋さんたちや、外務省の連中の発想からすると、山川さんをはじめとする研究チームが、外国に行くと危険です。できることなら、パスポートを取り上げて、国の管理下で研究をさせて、移動するときにも非常に厳しく監視したいところでしょう。山川さんのすぐ横に監視者が付いてくる時代がくるかもしれません。

山川　数年前、「トランセンデンス」[*4]という映画がありました。反テクノロジーを唱える過激派によってＡＩ研究者が殺されるという幕開けから始まります。私を含めＡＩ学会の人たちは映画の試写会に招待されましたが、一同青い顔をして出てきました。

佐藤　本当にやりかねない。いち早く軍事的にＡＩを取り入れて、技術的に他の国よりも先に行くことによって、自分たちの国家が生き残ることができる、国家はそういう発想になるでしょう。そこに注意しなければなりません。

私は、ＡＩと北朝鮮というのが思い浮かびました。ＡＩの発達によって北朝鮮が軍事的に非常に強くなる可能性があります。北朝鮮では、国内的には、いまだに列車のダイヤグラムを鉛筆と定規でやっているようなアナログ世界です。まったくネットワークがつながってないわけだから、サイバー戦に関しては最強の国家です。他方で、そんな連中がサイバーテロ専門集団をつくっている。あの国では、倫理委員会で軍事利用できる研究は抑制しましょう、なんてことには絶対になりませんから、条件さえ整えば、開発が一気に進むかもしれません。

こういう種類の話は、外務省や防衛省の人たちは大好きですよ。軍・産・学の協力をもっと進めなければいけない、やっぱり山川さんの研究所には、特に手厚い助成と国家による監視が必要だ、という話になるかもしれない。

山川　20年前から「人間並みのＡＩが実現したら、そのＡＩがさらに人間を超えたＡＩをつくることができる」と言っていました。そういうＳＦじみた話は、当時はほとんど相手にされなかった代わりに、気楽でした。時代は変わるものです。

2　ＡＩ化の進展と21世紀の民主主義

21世紀の「ラッダイト運動」は起こりうるか

木村　ここで、会場からの質問をご紹介したいと思います。先ほど山川さんは、ＡＩの能力がどんどん高まり、人の職業を奪っていくというお話をなさっていました。そうなると、現代のラッダイト運動[*5]が起こるのではないかという疑問が出てきます。「ＡＩに職業を奪われた人たちをどうすればいいか」ということが、大きな政治的問題になるかと思いますが、いかがお考えでしょうか。

山川　この問題は、ＡＩ研究者周辺だと２０１４年ぐらいからかなり話題に上っていました。私は、当面は人間がやっていかなければいけない職業として、３つぐらいのカテゴリーがあると思っています。

１つ目は、「ＡＩが不得意なところ」で、基本的にはデータが少ない分野です。「対人コミュニケーション」や「新しいビジネスを考える」といったことは、ＡＩにはまだやりづらいところがあります。

２つ目は「ＡＩを上手く使うこと」です。先ほどチェスではＡＩとそれを上手く使う人のコンビが最強だとお話ししましたが、ＡＩをどこに置くかというところは、人間が考える必要があります。つまり、ＡＩに分担させる場所を設計するコーディネーターとか、ＡＩのリテラシー（活用能力）を人々に教える人材が必要です。

３つ目は、人間社会である以上、「人間がやるべきこと」は、やはりＡＩに任せられません。人間には、「重要な決定は人間が承認したい」という感覚が根強くありますから、組織ごとに承認する人が必要になるでしょう。また消費者の個人個人はそれぞれの好み、嗜好、欲求などがあり、それを満たすようにＡＩに対して指示をするという権限を人がもつことになるでしょう。

木村　ひとつ問題提起したい点があります。ＡＩに関わる研究開発は、人間の倫理とか常識に反するかたちになりがちです。自動運転の技術が進めば、事故の総数自体はどっと減るけれども、ＡＩは人間と思考の仕組みが違うので、人間では絶対やらないような事故、例えば「いきなり歩道を走って何十人もひいてしまう」みたいな事故が、年に一回だけ起こってしまう事態もありえます。それは、人間には耐えがたいかもしれません。

そうした事故を防ぐためには、ＡＩの研究開発に対して、かなり厳しい倫理規定を課すことになるでしょうが、厳しい倫理規定を課せば課すほど、ＡＩ開発では世界から取り残されていくことになるでしょう。先ほど佐藤さんがおっしゃったように、北朝鮮に軍事力で圧倒的に負けることになるかもしれません。

ＡＩ開発と倫理のバランスみたいなものが、今後問われていくと思うのですが、佐藤さんは、それについてどう考えているのでしょうか。トランプは目的のためなら手段を選びませんから、ＡＩ開発が軍事に有利ならぜひやれ、倫理は問わない、みたいなことになる可能性があります。そうなると、先ほどのクリップ・マキシマイザーのように、ＡＩはトランプを選びそうな感じがします。そういう可能性がある中で、日本としてＡＩ開発の倫理についてどう考えるべきなのでしょうか。

佐藤　非常に難しい問題です。カルヴァン派に共通する特徴なのですが、トランプはユーモアをあまり理解することができないと思います。ひと昔前で言うと、モンティ・パイソン（英国の代表的なコメディグループ）を観て、おかしいと思わずに、侮辱されたと思うタイプです。それは、トランプのある種の生真面目さというか、余裕のなさです。先ほどの『山椒魚戦争』ではありませんが、彼から文学のにおいがする話、芸術のにおいがする話はほとんど出てきません。彼にとっては「仕事が芸術」「ビルをつくることが芸術」「会社の買収が芸術」ということだと思います。

ラッダイト運動がどうして産業革命を阻止できなかったのかを考えてみましょう。私が中学生のとき、兵庫県で社会党の県会議員をしていた伯父の家では、郵便物に郵便番号を書きませんでした。なぜなら、郵便番号を使うと、郵便局で働く人の仕事を奪ってしまうからだと言うのです。当時、総評系の労働組合員は、みんな郵便番号を書いていませんでした。しかし、現代はみんな書いています。結局のところ、技術の発展には抵抗することはできないのです。

もっと考えると、先ほど東ロボくんの話で、世界史の問題を解くにはマルクス主義史観が有利だという話がありましたが、やはり、資本主義システムを理解するためには、マルクス経済学、資本主義的構成の高度化による利潤の増殖、価値増殖を自ら図っていくというモデルが有効です。このシステムの中では、ＡＩや神や宗教なども含めて、資本の価値増殖とかみ合わないものは、どんなものでも資本主義社会ではじかれます。

ところで、モスクワ大学には、応用数学サイバネティクス学科というのが１９６０年代からあって、人工頭脳のようなものの研究をソ連と東ドイツがやっていました。しかし、ある段階で、ソ連共産党の指令で止まってしまいました。日本の大月書店から１９６８年に出た東ドイツ版の『マルクス主義哲学』という本の下巻では、「サイバネティクス」に多くのページを割いています。だが数年後にソ連の指示で別なものに書き換えられたといいます。いまではサイバネティクスに対する記述があまりない。倫理というところでソ連も怖くなったのではないかと思います。

木村　ありがとうございます。便利な技術を排除することは難しいが、やはり倫理的に越えられない一線がどこかに生まれるということですね。

人格をもったＡＩに「尊厳」は認められるか

木村　これに関連して、もうひとつ、会場から複数寄せられた質問です。「ロボットやＡＩについて、人間の中には嫌悪感があるが、今後、薄まっていくのか。あるいはＡＩは怒りなど感情に近いものをもつのか。人格を帯びて『ＡＩの尊厳』みたいなものを考える時代が来るのか」

山川　ＡＩを開発する立場から言うと、「感情」や「平等」などをプログラムに組み込むか、組み込まないかは、意見が分かれています。私たち「全脳アーキテクチャ・イニシアティブ」では、ＡＩを人間のようにつくって、感情などを上手に盛り込むことによって、人間とのコミュニケーションを容易にすることを重視しています。コミュニケーションを容易にするということは、「相手が何を考えているのかをわかるＡＩにする」ということです。

ただ一方で、感情や情動は、生物が生き残るために形づくられてきたものと考えられています。しかし、核兵器ほどに強力な攻撃力をもつＡＩの場合、そうした感情が私たちと共存していくために適したものであるという保証はありません。原始的な感情を野放しにすることはむしろ非常に危険です。こうした課題への対応として、汎用ＡＩ分野の研究例として、シミュレーションの世界で、いろいろな感情を試したり、感情的によいと思われる人の感情を再現したりする試みがあります。さらにそうした感情を組み合わせて、安全な価値観をもったＡＩをつくりだすのです。

木村　では、感情なり、判断力をもったＡＩが人間に準ずる尊厳をもつべきでしょうか。

山川　もつべきかどうかは、みなさんで考える必要があります。

例えば、あるフランスの方がＡＩに愛情をもって、「ＡＩと結婚したい」と言っています。その方がＡＩのどの部分に愛情をもっているのかは不明ですが、もし性格的な部分が対象であれば、それは主に対話ソフトウェアかもしれません。そうした場合、愛情をもつ対象をいくらでもコピーできてしまいます。そうなると何を愛していると言えるのでしょうか？　そしてその対話ソフトウェアが非倫理的な発言をするような場合、行政機関が「あなたのおつきあいしているＡＩは、非常に危険な考えをもっているので、このＡＩは永久凍結する」と言うかもしれません。このとき愛情をもっている方は悲しむわけです。こうした場面を想定すれば、ＡＩであっても「生かされる権利」のようなものがある程度は必要になるかと思います。

木村　ＡＩの尊厳については、その土地やその人の宗教観とも強い関係があるかもしれません。キリスト教では、人間は特権的な存在で、機械や動物は人間による支配の対象です。そういう宗教観の下では、ＡＩがどう発展しようとも道具として消費されることになるでしょう。仮に、ＡＩの尊厳のようなものを考えるにしても、それは、ＡＩの所有者の権利として観念できるものに限定されるのではないかと思います。

他方、日本は八百万の神や付喪神《つくもがみ》の世界で、古くなったたまな板にも人格を感じる国です。ＡＩに尊厳を見ることに、なんの躊躇もないでしょう。尊厳を認める下地はできていると思います。

佐藤　そう思います。20年前に、たまごっちブームというのがありましたよね。私もロシアにお土産でもっていったことがあります。子どもたちにあげると、もちろん遊ぶのですが、おもちゃですからすぐに飽きてしまいます。たまごっちにえさを与えないと、サングラスかけてぐれたりなんかして、面白いのですが。

これに対して、日本の子どもは、たまごっちが死んでしまうとわんわん泣き出し、「お葬式をしないといけない」と言ったりもします。

ＡＩに忌避反応があるのは、ＡＩにまだ触っていないからだと思います。触った瞬間から ＡＩに魂が宿ってしまう。だから、怒りっぽいＡＩもつくることができると思います。「怒りっぽいところが、かつての親父みたいでいい」という感じになるのではないでしょうか。その怒りっぽいＡＩは、大きな音を出すだけなのか、手が出るタイプなのか、どういうプログラムをもつかで変わってくる。そうすれば、怒りっぽいＡＩをやくざがもって、抗争をするＡＩやくざが出てきたりする。

木村 法律家としては大変頭が痛いですね。

「世界を知りたい」という好奇心こそ原点

木村 そろそろお時間なので、まとめに入りたいと思います。

今日いろいろ議論してみて、ＡＩや「トランプ現象」は、私たちの民主主義とか個人の尊厳のあり方に非常に大きな影響があることが見えてきました。例えばＡＩの軍事利用は、憲法第9条に深く関わってくる。あるいは、ＡＩ的に振る舞う政治家の登場を見ると、いまはＡＩ的に振る舞うだけですんでいますが、将来的には、政治的に敵対する相手を落とすために、インターネットにうわさを撒くプログラムなどが、どんどん出てくるでしょう。そういうものが現れたときに、いまある私たちの選挙制度が上手く機能するのかと考えると、かなり悲観的にならざるをえない。それが２０１６年の出来事の結論だったかと思います。

冒頭、佐藤さんが、民主主義の倫理を守るのは、今後、非常に大きな課題になってくるのではないかと問題提起をなさっていました。そういう意味では、ＡＩは便利な技術であると同時に、「人間の限界」とか「人間が何をできるのか」ということを教えてくれる、大切な資料の面もあると思います。つまり、ＡＩについて考えることが、人間の尊厳を回復するきっかけにもなると思います。私たちは「個人の尊厳」や「人間の尊厳」を大事にして、社会を当然つくらないといけないと思う。そういう社会をつくるためにも、ぜひ、ＡＩの現象や技術についても、深く理解していかなければいけないと、今日お二人の話を聞いていて思いました。

最後に、山川さんと佐藤さんに少しずつお話をいただきたいと思います。

山川　ＡＩのインパクトは技術的範囲に留まりません。「社会」「政治」「経済」「倫理」「法律」などあらゆる分野に影響を与えます。ですから多くの人々に、興味をもって議論に参加してほしいと思います。

今日は「トランプはＡＩだった」との話でした。もしかすると、こういう現状が生じているのは、いまだちゃんとしたＡＩ政治家が出馬していなかったことが最大の原因であったかもしれません。もっと早く、十分にレベルの高いＡＩ政治家の開発に成功していれば、トランプを勝たせてはいなかったと、少々反省いたしました。

それはさておき、民主主義の存続という面から見れば、各個人が市民として物事をしっかりと考えることが大事だと思います。ＡＩ研究の中に面白いものがありまして、セルフ・デリュージョン（自己欺瞞）という現象があります。麻薬のように快感シグナルだけを送り込まれれば、多くのＡＩは人間がそうなるのと同じようにそれにはまって、中毒状態になるのです。全然使えないＡＩになってしまいます。

それを避ける方法はあるのか。いまのところ研究でわかっているのは、自分の目標を設定する最初の価値関数の中に「世界を知りたい」という要素を入れると、中毒から逃れうるということです。

世界を知るためには、狭い部屋で何度もグルグル回っているだけではだめでしょう。民主主義を回すためには、セルフ・デリュージョンのような状態にならないために、それぞれの人が「世界を知りたい、知っていきたい」という「好奇心」をもつことが大事なのではないかと思います。それが、民主主義をうまく回すためにも一つのヒントになるのではないでしょうか。

木村　すばらしい。「好奇心」が中毒状態を脱出し世界を広げていく。確かに民主主義の原点だと思います。

佐藤　まず何よりも、通訳の重要性を感じました。今日、木村さんは非常に重要な通訳をされました。それはこういうことです。

今日初めてお会いしましたが、ＡＩ研究者の山川さんは本当に魅力的な先生です。こういう魅力的な先生がやっている研究対象は、まず確実に面白い。また、これだけの時間を話せるだけの論理性も非常にある人です。でも、その魅力を知るためには、それを通訳してくれる人が必要です。その世界のことを通訳するのは、やっぱり法的な言語が一番いい。なぜなら、近代社会の人ならば、宗教をやっている人でも、哲学をやっている人でも、法的な言語は一応理解できるからです。つなぐ仕事は非常に重要だと思いました。

また、おそらく無意識の領域だとは思いますが、毎日新聞の労働組合がなぜこういう企画を考えたか、そこには非常に意義があると思います。こういう問題意識は、通常、経営側が考えてもってくるテーマです。それを労組の側から提示するというのは、広い意味での労使協調、というより労使協力ですよね。

労使関係は、力と力の均衡点で成り立っています。今後どれだけ大きな問題が出てくるかについて、経営の側はまだ十分な危機感をもっていないけれど、われわれ現場の記者たちは危機感をもっている。われわれの側から問題点を提示しよう、ということだろうと思います。

団体交渉ではないが、このシンポジウムについて経営側に「ここに問題意識をもつべきだ」ということをやっているのは、中間団体としての労働組合の本当に正しい機能だと思いました。そこが今日、全体としてとても勉強になりました。

木村 ありがとうございました。本当にお二人には「無茶ぶり」をしてしまいまして、「ＡＩとトランプでしゃべりましょう」と最初に提示したときには、お二人とも「何おかしなこと言っているんだ」と思われたでしょうが、やってみて本当によかったと私は感じております。今日来てくださった方も、今日の話、いろいろ興味をもっていただけたのではないでしょうか。今日はありがとうございました。

用語解説

＊１　旧約聖書のヨブ記
作者は不詳。いにしえより人間社会の中に存在していた神の裁きと苦難に関する問題に焦点が当てられている。正しい人に悪いことが起きる、すなわち何も悪いことをしていないのに苦しまねばならない、という「義人の苦難」というテーマを扱った文献として知られている。

＊２　アントニオ・ネグリ
イタリアの哲学者、政治活動家。イタリア全土を揺り動かした、女性・学生・貧民・失業者等、社会的弱者による、新しい社会運動「アウトノミア（労働者自治）」を理論的に統括した知識人として知られる。

＊３　後藤健二《ごとうけんじ》
日本のフリージャーナリスト。シリアで武装集団に捕えられた湯川遥菜さん救出に向かい、「イスラム国」に拘束され殺害されたと見られている。

＊４　トランセンデンス
２０１４年、英国・中国・米国で製作されたSF・サスペンス映画。AIと化した科学者の姿を通して、過度に高度化した科学技術がもたらす危機を描いている。出演はジョニー・デップ、レベッカ・ホール、ポール・ベタニー、モーガン・フリーマン。

＊５　ラッダイト運動
１８１１～１８１７年ごろの英国の中・北部の織物工業地帯で起こった機械破壊運動。産業革命に伴う機械使用の普及により、失業の恐れを感じた手工業者・労働者が起こした。

第2部

ＡＩに
倫理は必要か

第5章

進化するトランプ2.0と日本の政治

佐藤 優・木村草太

写真：中村琢磨

1　カギを握るトランプと北朝鮮

トランプ外交と第三者ルール

木村　先日は、私の無茶ぶりに見事に応えていただき、ありがとうございました。たぶん面白いシンポジウムになるだろうとは思っていたのですが、期待以上に面白くて、感動いたしました。せっかくなので、もっと多くの方々に届けるため、内容をもう少し充実させて、書籍として残したいと考えました。本日も、よろしくお願いいたします。

さっそくですが、まずは現状の分析からお話を伺いたいと思います。シンポジウムがあった2017年1月から5カ月ほどたちました。1月にトランプが大統領に就任して以降、アメリカの外交にも、北朝鮮やロシアとの関係を含めて、いろんなことが起きているんですけれども、佐藤さんは、元外交官、ロシア専門家として、どのように見ておられますか。

佐藤　意外に思われるかもしれませんが、トランプとロシアの関係というのは、実はまったく外交のテーマではなくて、アメリカ内政のテーマであると考えています。

例えば、5月10日に、トランプがロシアのラブロフ外務大臣とキスリャク駐米大使と会談した際に、他国から得た情報を流したんじゃないかと、深刻な問題になりました。

木村　「イスラム国」に関する重要な情報源が危険にさらされたと報道されている問題ですね。

佐藤　はい。うんと乱暴な議論をしますと、日本でもそうですけど、内閣総理大臣や大統領が外交交渉に当たるときに、機密漏洩ってないんです。例えば、外務省の局長が政治家に電報をもっていく前に、だれかに内容を話したからといって、機密漏洩にはならないというのが運用上の実態です。なぜならば、機密を解除する権限は局長にありますから。つまり、それは機密に関する「特異点」[*1]なんですよね。大統領というのはまさに特異点なんですよ。

木村　確かに、大統領や総理大臣が何を外部の人間に話そうと、彼らは機密にすべきかどうかの判断権限をもっているんだから、原理的に機密漏洩になりえませんね。

佐藤　そうです。日本の外交交渉だって、ロシアとサウジアラビアの外交交渉だって、中国との外交交渉だって、そこで話しているのは、一般には公開できない秘密の話ばかりですよ。だから、秘密の話がなされたこと自体は当然のことであって、問題ではない。

それにもかかわらず、トランプが機密情報を漏らしたと問題になっているのはなぜかというと、一部の報道によれば、機密解除の要請を情報提供国にしていなかったという話のようです。これは外交の世界においては、トランプが違法行為をしたということではなくて、掟破りが起きたということだと思います。

インテリジェンス業界の中では、「サード・パーティ・ルール＝第三者に関する規則」という掟が長年にわたって確立されています。例えば、私が知人のAさんからきわめて興味深い話を聞いたとする。これを木村さんに伝えようというときには、「木村さん、実はこんな話が聞こえてきました」っていきなり勝手に伝えたらいけないんですよね。伝えるときには、Aさんに、「この話を木村先生に伝えたいんですけど、いいでしょうか」と、事前に了承を得なければいけない。もしもAさんが、「情報ソースについては秘密にしてくれ」とか「いまは伝えないでくれ、2週間後に伝えてくれ」とか指定してきた場合には、それを守らなければいけない。この慣行の積み重ねの上で、インテリジェンス・コミュニティの中のコレクティブ・インテリジェンス（集合知とは別で、協力諜報の意味）は成り立っているわけです。この約束を破る人、国には、機密情報を提供できません。

木村 それはそうですよね。

佐藤 実は、日本でも過去によく似たことがありました。2001年の9・11アメリカ同時多発テロの直後、当時、外務大臣だった田中真紀子さんが、アメリカの国防省はスミソニアン博物館に避難しているという話を、記者たちの前で披露しちゃった。さすが、記者たちには良識があるので、避難場所に関する記事は書かなかったですけど、あのときから外務省の中の空気が変わった。

要するに、田中外相がいると、外交交渉ができなくて国益を毀損するから、この人間を追い出さなきゃいけない。そういう空気ができて、それが国益みたいな感じになってくるわけですね。実際には、それは省益にすぎないんですけど、内部の人間は、省益と国益を同一視していますから。

今回のトランプの事件は、これによく似ています。アメリカのＣＩＡか国務省か――おそらくＣＩＡだと思いますが、イスラエルから得た機密情報をこんなかたちで漏らしたとあっては、今後、彼らは仕事ができなくなる。今後は、少なくともあの大統領には重要な情報は教えられない。でも、最高責任者である大統領や政権幹部に届かない情報なんて、もっていたって意味がない。そういうわけで、トランプをどうにかしてくれ、という話になっているとは思います。

伝統的エリートと異質なエリートの戦いが始まる

佐藤　ただ、アメリカのマスメディアの論調は、またちょっとずれているんですよね。イスラエルと敵対するイランに、ロシアが情報源を流すリスクがあって危ないという話で盛り上がっている。これは、二重の面でおかしいんですよ。

木村　どういうことですか。

佐藤　まず、プーチン大統領はインテリジェンス機関出身者だという点が重要です。ロシアは情報の手続き的なことに関してはすごく厳密に守る。だから、サード・パーティ・ルール違反をすることはない。つまり、アメリカが了承しない限り、その情報がイランに伝わるなんてことはしません。第二に、漏洩したといわれているのは、「イスラム国」関係の情報でしょう。「イスラム国」との関係では、イランも「イスラム国」と戦っているし、イスラエルも「イスラム国」と戦っている。合理的に考えて、「イスラム国」関係の情報がイランに流れても、イスラエルのマイナスになることはないわけですよ。

こうしてみると、今回は、実態としては何も失われていないわけですね。しかし、アメリカのメディアは、ずれた論点の下で大騒動になっている。本来問題とすべきは、インテリジェンス業界の掟を破るから、この人とは仕事ができない、という点です。

ただ、そう考えても、いまの状況はおかしいんですよ。もしサード・パーティ・ルール違反を問題とするのであれば、閉ざされた扉の中で、ＣＩＡ長官がトランプに会って、「これは実はこういう掟がありまして」と教えればすむことです。しかし、そうせずに、トランプのミスを「ワシントンポスト」に流す。これでは、トランプから見れば、一体なんだっていうことになるわけですよね。あえてＣＩＡがトランプを窮地に追い込んでいるのだとすれば、彼らにトランプを支える気がないということです。

もうひとつ気になる筋は、ＦＢＩのコミー長官の突然の解任です。ロシアがアメリカ大統領選挙に干渉するためサイバー攻撃を仕掛けていたという疑惑に関連して、トランプが選挙運動期間中からロシア側に接触していたのではないかという疑惑が出ていました。これについてＦＢＩが捜査しているという報道が出たことで、トランプはコミーを突然解任した。コミーは出張先でこのニュースを知って、冗談だろうと思っていたら、近くのＦＢＩ支局から解任の手紙が届いた。

この事件は、日本の例だと、小沢一郎さんの事件に少し似ていると思います。

木村　具体的には、どの事件ですか。

佐藤　民主党の政権交代前からずうっと起きている、検察と小沢さんの一連の戦いです。どういうことかというと、新聞報道ベースだと、コミーはトランプに「フリンはいいやつだ。捜査から手を引くことを望む」と言われたと。

フリンというのは、大統領選のときからトランプの軍事顧問を務めていて、トランプが大統領になってからは、大統領補佐官に就任した人です。このフリンが、大統領補佐官就任前にロシアの駐米大使とロシアの制裁について話し合ったという疑惑が上がっています。これがなぜいけないのかというと、アメリカには「ローガン法」というのがあって、アメリカ合衆国と争っている外国と政府の許可がない個人が交渉することを禁じています。大統領補佐官前のフリンは、「政府の許可がない個人」ですから、対立関係にあるロシアと交渉していたとすれば、「ローガン法」に反することになる。

そんな中で、「フリンはいいやつだ」というのは、トランプがＦＢＩの捜査権限に圧力をかけてきたということです。こうなると、捜査当局は、「俺たちは時の政権の手先ではない」と強く反発します。もしも、トランプがこの調子で組織を牛耳っていくようになれば、自分たちの組織の存亡の危機ですから、当然の反応です。

こうしてみると、このところ騒がれているトランプの問題というのは、「アメリカの民主主義がどうなっているか」とか「外交関係はどうなっているか」というような問題ではない。むしろ、トランプとその側近、つまり、従来とは異質な新たなエリートたちと、伝統的なエリートたちの間のいさかいだというのが本質でしょう。そのいさかいに、ロシアが口実として使われている。こんなふうに私は見ています。

だから、ロシアからすると迷惑千万なわけですよ。非常に興味深いことに、プーチンは、「アメリカでは政治的な『統合失調症』がはやっている」と皮肉を言った。彼は、普段はこういうことを言う人ではないんです。彼はそれに加えて、「もしアメリカ政府さえよければ、われわれはトランプとラブロフの会談の速記録をアメリカ議会に開示してもよい」ということまで言っている。ロシアからすれば、「もう、いいかげんにしてくれ、われわれを巻き込まないでくれ」といったところでしょう。

北朝鮮をめぐるジレンマ

木村　なるほど。ミサイル問題が騒がれている北朝鮮関係についてはどうですか。

佐藤　北朝鮮に関しては、大きな構造で見ると大変なジレンマになっています。北朝鮮が大陸間弾道ミサイルと核兵器の小型化に成功すれば、あるいは、それに成功することが確実となったら、アメリカは確実に武力行使をします。つまり、アメリカへの核攻撃能力の完成は、北朝鮮のいまの体制の終わりを意味することになる。北朝鮮としては、大変なジレンマなんですよ。

木村　核兵器を使ったときではなく、核攻撃能力をもったときが終わりのときですか。

佐藤　そうです。だって、もしも北朝鮮がサンフランシスコやロサンゼルスをいつでも核攻撃できる能力をすでにもっていたとしたら、仮に日本や韓国が北朝鮮に侵攻されていたからといって、サンフランシスコやロサンゼルスを廃墟にするリスクを冒してまで、日本や韓国をアメリカが守るという可能性はまずないわけですよね。

このことは、「ウォール・ストリート・ジャーナル」のジェラルド・ベーカー編集局長も、朝日新聞（２０１７年５月22日）のインタビューで話しています。さらに、ベーカーさんは、そういうような状況になる前に、アメリカが先制攻撃する可能性が高まったと言っています。

でも、私は、アメリカが先制攻撃するかどうかについては、完全に読み切れない。もし先制攻撃をしないで、北朝鮮が核攻撃能力をもったらどうなるかについては、いろいろなシナリオがあります。

これに関連して、日経新聞に奇妙な記事（2017年5月9日）が出ていたんですよ。トランプ政権が中国に対して、北朝鮮が核・ミサイル開発を放棄すれば、アメリカは四つのことを約束すると。一つ目は、北朝鮮の体制転換は求めないこと。二つ目は、金正恩政権の崩壊を目指さないこと。三つ目は、朝鮮半島を南北に分けている北緯38度線[*2]を越えて侵攻することはないこと。四つ目は、朝鮮半島の再統一を急がないこと。平たく言うと、核兵器と弾道ミサイルをもつのを諦めれば、二つの朝鮮を認め、維持しようじゃないかということなんですよ。

ただ、これは頭出しでしょう。トランプはディール（取引）が好きですから、この交渉が始まれば必ずアメリカが譲歩する。そうすると、落としどころとして考えられるのは、パキスタンと同じ状態ですかね。どういうことかというと、パキスタンは、事実として核をもっている。弾道ミサイルもってはいるんだけど、アメリカに到達する大陸間弾道ミサイルではない。アメリカに届かないならいいかと、こういう発想ですよ。
となると何が起きるか。日本は、全域がノドン・ミサイルの射程内に入るから、何らかの対応が必須だと。でも、日本には核武装の道はない。それは、NPT（核兵器不拡散条約）から出るのが大問題だというだけじゃない。NPTから出たら、ウランとプルトニウムを全部アメリカに返さなければならないですから、国内でウランが採れない日本には、核開発が不可能なんです。そうすると、現実的に取りうる対応は、多分、非核三原則[*3]の変更じゃないかと思うんですよ。

木村　「核兵器を持たず、作らず、持ち込ませず」のうち、「持ち込ませず」を変更すると。

佐藤　そのとおり。これまでは、アメリカが、いま、どこに核が配置されているかを言わないことを利用して、「持ち込ませず」の原則が破られているのではないかという疑念をうまくごまかしていた。つまり、実際には持ち込ませているかもしれないんだけれど、持ち込んでないということにしていた。でも今後はまったく逆に、アメリカの核は、日本国内のどこかにあるんだとイメージしてくれと、こういうふうになってくる可能性がありますよね。そうすると、アメリカに対する依存がますます高まるかもしれない。

　それを避けるために、日本が自前で核兵器を開発することが可能かと言えば、結構難しい。もちろん、潜在的な能力はあるわけですよ。だって、日本原燃[*4]は現にウラン濃縮をしていて（注：2017年9月にウラン生産を停止）、またプルトニウムを抽出する技術がすごく高いんですから。仮にNPT体制が壊れちゃって、どこか変な国からウランが買えるような状況が出てきたとすると、日本は核を開発する条件が整います。

仮に核兵器が完成したとしても、先制攻撃するわけにはいかないから、あくまで第一撃を受けた後で、反撃することになります。ただ、日本は国土が狭いですから、40発ぐらい核兵器を落とされれば、ほぼ日本全体が麻痺するわけですよ。核ミサイル基地を地上につくったところで、反撃する前に基地もろとも日本が破壊されてしまうでしょう。かといって、核攻撃に備えて地下施設をつくっているわけではない。

となると、反撃の拠点は潜水艦に頼るしかないはずですね。核ミサイルを搭載した潜水艦っていうのは、どこにいるのかばれないように、通常、1年から1年半の間、海底の奥深いところに静かに沈んで、一度も浮上しないわけですよ。それには原子力潜水艦をつくらなければいけない。それも、核抑止として機能するためには、ミサイルを搭載した原子力潜水艦が、1隻や2隻ではなく10隻以上必要でしょう。いまの日本には、原潜技術がないから、その開発にはかなりの費用がかかる。

木村　日本はなぜ原潜技術をもたなかったんですか。非核三原則に触れるんですか。

佐藤　原潜そのものは兵器じゃないから、非核三原則には触れないですね。昔、[*5]原子力船むつをもってましたし。

木村　原子力を動力に使うのは、非核三原則とは関係ないということですね。

佐藤　そうですね。特に禁止する法令はないけれど、実態としてはやらなかったということです。

木村　仮に原潜を開発できたとして、ミサイルのほうはどうですか。

佐藤　独自のミサイルを開発するとなると、とんでもない費用がかかります。ただ、技術的には十分可能だと思います。H２ロケットの打ち上げにも成功していますから。ちなみに、意外とみんな知らないけど、韓国はいまだ大気圏外にものを送ることができないんですよね。だから、韓国は衛星を打ち上げられない。そういう意味では、やっぱり、北朝鮮のほうが、ずうっと進んでいるんですよ。

日本は、衛星を打ち上げるだけじゃなくて、惑星探査機[*6]はやぶさを地球に帰還させられる。つまり、大気圏外に打ち上げて、大気圏再突入に耐える技術をすでにもっている。ということは、簡単に大陸間弾道ミサイルをつくれるわけですよ。

この点について気になるのは、２０１６年3月の参議院予算委員会で内閣法制局長官の横畠裕介さんが、核兵器の保有のみじゃなくて、使用が可能だと言い出したんですね。その後、政府は質問主意書に対する答弁書でも同じことを言っています。要するにそういう閣議決定もしているんですよ。

木村　憲法9条の下で許容される「自衛のための必要最小限度の実力」に何が入るかという話ですよね。岸信介首相のころから、場合によっては保有できるとは言っていましたが。

佐藤　だから、それが2016年から、使用にまで踏み込んでいるんですね。もっていれば使ったってかまわないじゃないかという議論は当然かもしれない。でも、やっぱり、諸外国から見ると、安倍政権になってから、日本が核に関して、半歩、あるいは一歩、踏み込んでいるという印象になるでしょう。朝鮮半島情勢は、核との絡みになると本当に面倒くさいことになっていますね。

選挙モードから政治家トランプ2・0へ

木村　それへの対応として、何をなしうるでしょうか。対話と圧力は、機能するのでしょうか。

佐藤　制裁はかなり効いていると思います。2017年4月にトランプが習近平と会談した際に、「北朝鮮のトップを転落させても、北朝鮮を中国の影響下に置いてもかまわない。とにかく弾道ミサイルと核兵器の開発、発射を止めてくれ」と伝えたと言われています。中国を経由した制裁というのは、かなり効いていると私は考えます。朝鮮中央通信が、異例なことに、中国を名指しで非難しましたが、これはその影響だと思うんですね。

ここをスタートに、アメリカはどこかで交渉をする。特に、トランプはディールをしたがっているからこそ、日経新聞にああいう記事が出たということです。日経新聞にはCIAと非常に親しい記者が何人かいますから、そういうリークがあったんでしょうね。

こうしたアメリカの動きは、ある種、非官僚主義です。要するに、自由や民主主義といった一方的な価値観を広げるために、「北朝鮮の体制は許されない」というのではなくて、「うちにさえ撃ってこなきゃいい」といったところで折り合いをつける。

最初に「核廃絶と弾道ミサイルの廃絶」を最初に打ち出してから、あとは折り合いをつけていく。こういうスタンスですよね。これは、シリアへの対応ともすごく似ています。シリア内戦はトランプになったら変わると、みんな言っているけど、私は全然変わらないと見ています。あれも国内向けのアピールなんです。

トランプは、「オバマ前大統領は、シリアのアサド政権が毒ガスを使ったら、アメリカが空爆をすると言ったけど、できなかった。でも、俺は違うぜ。状況はよくわからないけど、毒ガスを使ったらしいから、俺はやるぜ」ということで、59発も巡航ミサイルを撃った。これだけ見ると、すごく強硬な態度に出ているように見える。でも、実は、2時間前にロシアに爆撃を伝えているんですよね。アサド政権を支援しているロシアは、当然、シリアにも伝えるから、攻撃目標となっている基地からはみんな逃げちゃっていた。さらに、ロシア側が爆撃の映像を公開したけれども、それを見ると、飛行機に穴が開いているだけです。爆発しないような弾をつけているってことでしょう。滑走路や管制塔も破壊していない。つまり、「この基地はあしたから使ってください」ってことですよ。

なぜそんなことをするのかというと、アメリカから見たときに、「イスラム国」の掃討作戦は、ロシアにやってもらえば一番安上がりなんです。「イスラム国」は嫌だけれども、自分たちで追い出すのは面倒くさいから、アメリカは積極的には出ない。こういう感じだから、表面上はいろいろな荒っぽいことを言うけど、トランプになったからといって、シリアへの対応はあんまり変わっていない。

例えば、同じ4月には、原子力空母カール・ビンソン率いる空母打撃群が、北朝鮮を攻撃できる射程内に入ったなんていうニュースもありましたが、結局は、インド洋のほうに行って、演習している。

木村 あれは、指示のミスではなかったんですか。

佐藤 指示のミスだったら、すぐ訂正すればいいだけです。最初は北朝鮮に向かわせるつもりだったんだけれど、4月の会談で習近平が思ったよりも前向きだったので、「それじゃ、中国にちょっとやってもらっておくか」ということになった。それで、ゆっくり演習して回ってこようと、こんな感じですよね。

だから、トランプのやることって、すごく場当たり的なんですよ。大統領選に勝つためのトランプ1・0は、それはそれでよかった。でも、政権を安定的に運用しようと思ったら、優秀な官僚とかを入れて、バージョンアップしたトランプ2・0にしないといけない。多分、イヴァンカとかクシュナーは、変な人を切って、例えばバノンとかを切って、2・0にバージョンアップしたいと思っているんですよ。ところが、従来型のエリートを取り入れた2・0だと、中間選挙や次の選挙で勝てない。それでやむをえず1・5ぐらいの変な感じになってしまって、結果として、ワシントンの官僚機構を全部敵に回しちゃっている。こんなところじゃないかと思いますよね。

2　「半島有事」に日本の出番はあるのか

外交メジャーリーグ入りを目指す北朝鮮

木村　なるほど。ちなみに今日の北朝鮮について、日本に独自外交の余地があるのでしょうか。

佐藤　日本に独自外交の余地はほとんどないです。なぜならば、北朝鮮が求めているのは体制保証が第一義的だからです。経済支援を求めているのだったら、日本に独自外交の余地はあるんだけれども。

小泉外交のときの日本は、実は、経済支援だけではなくて、体制保全にも踏み込んでいた。日本は、アメリカとの仲介を買って出ていて、金正日はそこのところを非常に期待していた。ところが、日本の世論は拉致問題で激高しちゃって、政権も北朝鮮をたたくことに集中してしまった。アメリカとの仲介なんていうことは、もう全然やらないし、経済支援もやらない。北朝鮮からすれば、日本のこの構造が変わることはたぶんないだろうと考えている。こうなると、日本には独自外交の余地はほとんどなくて、状況の推移を見守るしかできないというところですね。

仮に日本が制裁を解除して、北朝鮮と（韓国企業の）サムスンが貿易をしていれば、「新たに経済制裁を教唆するぞ」というのが大きなカードになったでしょう。でも、常に圧力と圧力、制裁と制裁でいたから、もはや日本が制裁をかけても何の実効性もないレベルに北朝鮮はなっている。だって、日本からは、北朝鮮の労働新聞すらとれないですからね。

木村 新聞代金を払うこともできないくらいまでの経済制裁が、すでになされているということですね。

佐藤 そうです。日本は自分で自分の首を絞めちゃっている。だから、ほとんど日本は影響力を行使できません。

木村　日本の世論がより柔軟な思考をもたないといけないということですか。

佐藤　普通にしていたら、柔軟な思考なんて世論には生まれないでしょう。それを始めるには、「世論に柔軟な思考をもたせる」という強力な意志を政治エリートがもたないと駄目なんですよね。

木村　今後は、韓国とアメリカに頼るしかないということですか。

佐藤　韓国もほとんど影響力はないと思います。力があるとすれば、アメリカと中国でしょうね。

結局、最近の国際情勢を見ていると、メジャーリーグとマイナーリーグがはっきり分かれているみたいな感じがするんです。そのメジャーリーグというのは、アメリカと中国とロシア。メジャーリーグが動いているときには、なかなかマイナーリーグは入れないですよね。マイナーリーグには、マイナーリーグなりのよさがあるんですけどね。

木村　なるほど。

佐藤　メジャーリーグのポイントは、核を恫喝の道具として使えること。北朝鮮は、その意味では、メジャーリーグに入ろうとする意志が強い。いまは米中ロで世界が動いているけど、米中ロ北朝鮮で動かしたいと、主観的には思っているわけですよね。だから、弾道ミサイルと核兵器という道具をもってきた。
これはみんな、あんまり言わないんだけど、最大の問題はどこにあるかっていったら、神様による資源の配置の問題ですね。

木村 ウランが北朝鮮にあるという。

佐藤 そういうことです。北朝鮮にはウランが山ほどあるから、いくら制裁をかけても、自力でいくらでも掘り出せてしまう。韓国や日本との違いはそこです。
日本では、岡山県と鳥取県の県境に当たる人形峠[*7]でウランが採れた時期もあったんですが、いまは採算が合わないのでやっていません。日本はメンデレーエフ[*8]の周期表みたいなかたちで、いろいろな素材があるにはあるんですけど、本当に少しずつしか採れない実験室みたいなものですから。

木村 なるほど。

佐藤 木村さんは、北朝鮮についてどういうふうに見ていますか。

木村 いや、まさに独自外交の余地がないという点に尽きますね。経済制裁はやりつくしているし、軍事力による威嚇と言ったって、憲法9条以前にNPTによって核兵器の開発は許されない。ミサイル実験段階で攻撃するなんてことは、先制攻撃になりますから、これも憲法9条以前に国際法上許されない。難民を大量に受け入れて、北朝鮮を内部から崩壊させるという道はあるかもしれないけれど、世論を見る限り不可能でしょう。こうなると、日本ができることはなさそうです。

北朝鮮問題にアメリカは乗り気ではない

木村　もうひとつ、気になっているのは、仮に、北朝鮮がアメリカに届くような核ミサイルを完成していなかったとしても、放射性廃棄物をミサイルに載せれば、被害は甚大だろうということです。

佐藤　そうですね。それに関連して、私が非常に不思議に思っていることがあります。安倍総理大臣が２０１７年4月13日の参院外交防衛委員会で、「サリンを弾頭につけて着弾させる能力をすでに北朝鮮は保有している可能性がある」と言っていた。これって不思議な感じがしませんか？　もしもそんなことが可能なら、オウム真理教ですらサリンはつくれるわけですから、中東あたりでばんばんサリン爆弾が飛んでいてもおかしくないと思いませんか？

木村　そういえばそうですね。

佐藤　私が承知している範囲では、生物化学兵器というのは熱に弱いんです。だから、もしサリンを搭載したとしたって、着弾する時点では、化学変化によって毒性がなくなってしまう。これがいままでの業界の通説のはずなんですね。

それにもかかわらず、安倍さんがこういったことを言っているというのは、そういう問題意識がまったくないのか、あるいは、北朝鮮が熱耐性の新型サリンを開発したと考えているのか、あるいは、魔法瓶のように熱伝導を遮断できる弾頭を開発したのか、それぐらいしか考えられない。

でも、耐熱性のサリンが開発されたなんて話も、断熱弾頭の話も聞いたことがないですから「政府としては、新型サリンができたか、あるいは、何らかの熱を遮断する弾頭ができたという認識なんでしょうか」と聞けば、安倍さんはきっと怒ると思うんですよ。政府内の科学担当部門がちゃんと機能していないのが気がかりです。

木村 そこをつけないマスコミも、ずいぶん残念ですね。

ちなみに、独自外交の余地がなくて、かつ、アメリカは自分のところにミサイルが届かなければ無関心ということになると、日本はどうすればいいんでしょうか。

佐藤 ほぼやることはないので、役所の言葉でいう「なりちゅう」でしょうね。つまり、あれこれ検討した結果、結論が出せないので、「成り行きが注目される」としか言いようがない。通常、こういう調書を書くと怒鳴られるんですが、それしかできないという感じですよね。

木村 トランプとしては、アメリカに届かないなら核も中距離弾道ミサイルも見逃すと言っている。日本としては、どこに一番、注意すべきなんでしょう。

佐藤　パキスタンの例もあるし、現実的に考えれば、一回つくったものを廃棄させるのは不可能なんで、大人の対応で行くしかない。

とりあえず、それで状況は安定するでしょう。ただ、北朝鮮は常に何らかの要求、例えば、償いであるとか、謝罪であるとか、経済支援とか、そうした要求をするときに、「こっちには核兵器があるんだ」という強気な姿勢になる。北朝鮮はそれを使う可能性がありますから、かなり強いでしょう。

もしもそれを本気で止めようとするなら、米軍が上陸するしかない。その場合に懸案となるのは、韓国にいる自国民の安全です。ソウルの日本大使館やプサンの日本総領事館に在留届けを出している日本人は約５万人いる。短期の旅行者とかで、在留届を出していない人を入れたら、10万人ぐらいはいると思うんですよ。アメリカの場合は、日本の２倍、10万人ぐらいいる。それだけの人数をどうやって逃がすかが、かなり難しい。

木村　現実的ではないですね。

佐藤　航空機のキャパシティを考えたら、日本や中国に避難させようにも限界がある。２日、３日でできるようなオペレーションじゃないんですよ。だから、奇襲攻撃はないわけですよ。それに、アメリカ人を避難させれば、経済権益も全部失うわけですから、アメリカにとって、あまりにハードルが高い。

もっと言うと、仮に米軍が上陸したら、その瞬間に、ほぼ自動的にソウルに向けた猛攻撃が始まる。38度線の非武装地域の北側に長距離砲が置いてあるわけですが、その数が軽く100門を超えているのは確実で、300～500門とも言われています。この前、外務省の元幹部と会ったんですが、日本政府とアメリカ政府は、機密でウォーゲームのシミュレーションをやっているという話です。それによると、北朝鮮が奇襲したときには、だいたい2日でソウルが落ちて、35万人死ぬと。そのあと2カ月かけて、米軍が北朝鮮を全部制圧すると。しかし、それに関する死者の数が凄まじい。正確な数字を教えてくれなかったけど、その数倍の死者が出ると。太平洋戦争時における日本の死者300万人に迫る可能性もある。そこまで踏み込むのは、やっぱり政治指導者としては相当躊躇するでしょう。

不可解な北朝鮮の核開発

佐藤 北朝鮮の核開発の動きって、不可解なことだらけなんですよ。例えば、第二次世界大戦中の日本で、仮に仁科博士[*9]たちのグループが核爆弾を開発したとしても、意味がなかったと思うんですよ。なぜなら、当時の日本の技術では、弾道の小型化はできなかったし、かといって、3トン、4トンもあるような爆弾をアメリカまで運べる爆撃機もなかった。アメリカはB29という運搬手段があるからはじめて、核攻撃が可能になったわけですよね。つまり、核兵器の開発をするときは、どの国も運搬手段を先行させるんですよ。ミサイルをつくるとか、爆撃機をもつとか。

ところが、北朝鮮は運搬手段よりも核兵器を先行させた。これは論理的に考えれば、自国で核兵器を爆発させる覚悟だということです。運搬手段が完全になっていないので、いまもその状況は変わっていません。つまり、北朝鮮は、ものすごいリスクを負おうとしているわけですよ。筒井康隆の『アフリカの爆弾』（角川文庫）の発想と一緒ですよね。核が世界じゅうに拡散した状況で、アフリカのある部族も核兵器を手に入れた。でも、発射台がない。どうするんだって言われたら、「発射台はいらない。これが爆発すれば、地球が壊滅するから」と。

北朝鮮の発想は、この小説と限りなく近い発想だった。だから、みんな「よもや、使うことはあるまい」と考えていた。つまり、抑止力としての核兵器開発として見ていればよかったわけです。

だけど、ここのところ北朝鮮は、本気で飛ばす気持ちになってきちゃったんですよね。大陸間弾道ミサイルのほうは、まだ十分ではないけれど、短距離も中距離もミサイル開発に成功している。北朝鮮は、ミサイル開発をすれば、アメリカが交渉してくれると思ったんでしょう。

もうひとつ不可解なのは、２０１７年の3月と4月に、北朝鮮は打ち上げ実験に失敗している。その際に、ホワイトハウスの当局者が、「今回の失敗したミサイルに特に対処する必要はない」と話しています。これはすごく変なんですよね。本来だったら、失敗したとはいえ、ミサイル兵器を使用したということ自体が国連の安保理決議違反だと非難する事柄です。それをしないで静観の態度をとるということは、アメリカがサイバー攻撃をやっていて、それに成功したからだという可能性はありますよね。

木村 アメリカは、北朝鮮のミサイル開発をサイバー攻撃でコントロールできていたということですか。

佐藤 そう。北朝鮮は自国ですべての部品を開発できるわけではないから、外国から調達しています。その部品にマルウェアを仕込んでおくというかたちですよね。あるいは、技術力向上のために国際学会に出てきた北朝鮮の学者を狙って、マルウェアを引っかけたりと。

実はこれは、２００９年から２０１０年にかけて、イラン国内の核燃料施設でウラン濃縮用遠心分離機が異常運行するという事件があって、そのときにアメリカとイスラエルが協力してやったと言われています。

北朝鮮の実験失敗は、ミサイルが発射して、5秒後に爆発ですからね。

木村　それでは、怖くて核弾頭は載せられないですね。

佐藤　ええ。自国が大変な状態になってしまう。

ちなみに、北朝鮮には、核を搭載しないノドン・ミサイルが１２０発ぐらいあると言われています。日本の防衛省は、８割は撃退できると豪語していますけど、１２０発のうち20発を市ヶ谷と三沢と嘉手納に分けて撃って、残り１００発で福島第一原発を狙ったらどうなりますか。

木村　どれかは当たりそうですね。

佐藤　そうですよね。福島第一原発については、それが実際にどの程度の被害をもたらすかどうかはともかく、そんなことになったら大変だという、心理的な影響は大きいですよね。だから、福島第一原発というのは、大変な人質になっているわけですよ。２０１７年２月に、技術の粋を尽くした調査ロボット「サソリ」を投入したけれど、格納容器内の環境が悪すぎて動かなくなった。そのときのデータによると、放射線量は2分で致死量に達する毎時２１０シーベルトだったというんですから。ここから生み出されるイメージが重要になります。

そういうことを総合的に考えると、われわれは北朝鮮の攻撃はないと楽観的にとらえるだけじゃなくて、相当悪い状況についても考えたほうがいいですよね。そうなると、やっぱり、アメリカに外交努力を強く促す必要がある。

それなのに、日本の政治指導部を見ていると、思考を完全に停止して、「考えないのが一番いい」という態度になってしまっているように感じますよね。

木村 そうですね。やたらと危機を煽るのは思考停止の表れのような気がします。

佐藤 まさに、思考停止の裏返しでしかない。

「パキスタン方式」の交渉は解決策にならない

木村 佐藤さんがおっしゃるような現実的な計算とか、先の読みを具体的に入れていくと、とても怖くなるので……。

佐藤 とても怖くなるから、あんまり考えないで、危機感だけを煽る。現実的な対策を検討せずに、「天の配剤でうまくいくだろう」、「主観的な思いを強く、強く、極大にすれば、客観情勢が変わることもあるだろう」みたいな、そんな雰囲気ですよね。

もう一回話を戻しますけど、そういう状況を考えると、一国の内閣総理大臣がミサイルにサリンを載せるなんていう非科学的な話をすることに、私は危機感を覚えるんですよ。

仮に、熱をもった途端にサリンが無害化して、ほとんど攻撃能力がないことを全部わかった上で、国民の危機感を煽っているんだったら大したものですけどね。もしもわからずに言っているんだとしたら、やっぱり、怖いですよね。兵器に詳しい諸外国の専門家じゃなくても、普通の人が見ても異常なことを、日本の総理大臣が言ってしまっているような感じはします。

木村　佐藤さんのお話を総合すると、「アメリカに届かなければ核開発もかまわない」というパキスタン方式ではなく、もっと手前のところで解決してもらわないと困ると。

佐藤　核開発を止めるような交渉をするよう、米中に働きかける必要があります。

木村　さらに、それとは別に、独自外交の余地をもつためには、北朝鮮とさまざまな交渉経路をもたなければいけないと。

佐藤　そのとおりです。交渉経路をもつと同時に、通常の商取引ができるようなかたちにする。そうやって日本への依存度を増やせば、制裁の意味合いが出てくる。でも、何も交流がなければ、日本が「制裁するぞ」と圧力をかけようにも、実際に制裁する対象がない。

例えば、２０１４年のウクライナ情勢を受けた対ロシア制裁だって、日本は事実上やってないんですよ。日本への入国を禁止しているのは、ヤヌコヴィッチ元ウクライナ大統領など、わずか23人に限定している。日本への輸入を許可制にするのも、クリミア半島からの輸入に限定されていて、クリミアからの輸入なんてほとんどないから、影響はない。

木村　そういう意味では、圧力ではなく対話を求めて訪朝しようとした、アントニオ猪木さんが追求した方向は間違ってなかったかもしれないということですか。

佐藤　全然間違ってないですよ。猪木さんは勝負師ですから、どういうふうにして勝負するかわかっているんでしょう。

いまの政府の対応では、アメリカはパキスタン方式でディールする。そうすると、日本の全域が北朝鮮の核ミサイルの射程距離の中に入る。日本としては、「非核三原則を非核二原則にするから、来てくれ」とアメリカに言うしかないのだけれど、アメリカは、「はい、わかりました」とは言わないでしょう。こうなると、北朝鮮に対して、ほとんど抑止にならない。

そうなった場合に気になるのは、沖縄が標的になるだろうということです。例えば、三沢や横田に通常型のミサイルを撃ち込んだとしたら、世論は激昂して「北朝鮮はけしからん。撃つべし」となると思うんですよね。でも、沖縄においては、「日米同盟なんかがあるからこういうことになるんだ。われわれは巻き込まれたくないから米軍には出ていってほしい」という方向に振れる可能性がある。

そうなると、北朝鮮もそのあたりは非常に合理的に考えますから、沖縄を弱みとして見るでしょうね。福島第一原発と並ぶ弱みとして見る。結局、内政において弱い部分は、軍事においても弱みになるんですよ。

木村　それはそうですね。

佐藤　朝鮮中央通信が２０１７年3月7日に、有事の際に在日米軍基地への攻撃を担う朝鮮人民軍戦略軍火星砲兵部隊の訓練としてミサイルを発射したと報道しました。でも、これは、北朝鮮が読みを誤ったと思います。20年か30年前の感覚で、在日米軍基地を目標にしていると言えば、リベラルな人たちが「戦争に巻き込まれるのは嫌だから、米軍基地は出ていくべき」と騒いで国論が割れるだろうと、彼らは計算したんだと思うんですよ。ところが、いまの日本では、全然国論が割れないと。北朝鮮に対して強気な姿勢を示す政権に対して、国民がどれぐらい積極的に支持しているかはわかりませんが、かといって、積極的な異議申し立てではありません。

木村　なるほど。ただ、世論が分裂しないことを手放しで喜べるかというとそうでもなくて、まさに先ほどおっしゃっていたように、アメリカの「パキスタン方式」を招いたりして、首を絞めているんですよね。

佐藤　そういうことです。

3　差別とトレンディドラマ

沖縄問題に潜むヘイトのリスク

木村　沖縄の問題について伺いたいことがあります。佐藤さんは「内政の弱み」というお話をなさいましたが、辺野古基地に関する最高裁判決[*10]を読んで、私はかなりひどい判決だと思いました。沖縄県の自治権を完全に無視するもので、憲法の保障する地方自治の趣旨に反していると思っています。佐藤さんは、あの判決はどういうふうにとらえていらっしゃいますか。

佐藤　それはもちろん、ひどい判決だと思う。でも、それよりも、沖縄の政治エリートが日本という国家の省の枠を信頼しなくなっているということが、一番深刻だと思うんですよね。

木村　ああいう対応をされていたら、そうなるのも当然ですよね。

佐藤　沖縄の新聞はもちろん、「とんでもない不当性判決だ」と激昂するんだけれど、それを書いている新聞記者も、それを読んでいる県民の多数も、「まあ、そんなものだろうな」という感じでしょう。「日本の司法なんて、最初から結論が決まっているんじゃないの？」と。

沖縄の人は、流血も恐れずに強固に反対するでしょう。日本政府は、沖縄に傀儡政権をつくろうとするでしょうが、そうなれば、沖縄独立運動も盛り上がりかねない。問題は死者が発生するかどうかで、さすがにそれは阻止しないといけない。そういう段階まで来ているんですよね。

そうした動きが強まった場合に、不思議なんだけれども、沖縄で異議申し立てをする人間が殺された場合というのは、たぶん、沖縄は対応できると思うんです。大規模な抗議集会をしたりして、強力な異議申し立てをするでしょう。難しいのは、逆のケースです。何かのはずみで、警察官や防衛省の職員が殺されたり、あるいは、海上保安庁の海上保安官が沖縄県民との衝突で海に落ちて死亡したり。

そうなった場合に、日本のナショナリズムはどういう方向に行くかと。

木村　本土の側が、「沖縄を討つべし」となるということですか。

佐藤　その恐れがある。沖縄に対する本土の差別意識は確実にあるんだけれど、一般に問題とされているヘイトスピーチは、民族的なものや特定の外国に対するものでしょ。沖縄は日本民族の一部だっていうことになっているから、沖縄に対するヘイトは、ヘイトと認定されないわけですよね。つまり、排外主義的な人たちからしたら、韓国人に対してヘイト活動をするよりも、沖縄県民に対してヘイト活動をしたほうが、コストが非常に安いわけですよ。

毎日新聞2017年5月22日の記事が検証していて非常に面白かったんだけど、翁長《おなが》（雄志《たけし》）知事（当時）の娘が中国に留学しているとか、中国共産党の幹部と結婚しているというデマがネット空間を中心に拡散しています。そのデマの出所を調べていったら、2014年8月1日の「チャンネル桜」[*11]で、司会者と解説者が「翁長さんの娘は北京に留学中だそうです」などと発言する場面があった。それから、翁長さんが沖縄県知事に立候補したころに、「中国共産党の幹部が結婚相手」だと尾ひれがついて、2015年4月に元航空幕僚長の田母神《たもがみ》俊雄さんがツイッターに投稿したことで、大規模に拡散したそうです。

これだけひどいデマが流されているのに、名誉棄損訴訟なんかを起こす動きが全然ない。それは、司法への信頼がないからではないかと思います。辺野古訴訟であんなにひどい判決を出す司法を、自らの名誉回復のために使うわけにはいかない。もちろん、知事と直接話したわけじゃないから、翁長知事の真意はわかりませんけれども。

木村 度重なるひどい判決を受けて、司法を卑下する態度が沖縄県で蔓延してしまっているということですか。

佐藤 そう。そういう感じになっている。

沖縄出身の芥川賞作家、大城立裕《おおしろたつひろ》さんが「新潮」2月号に「辺野古遠望」という作品で、抵抗することは我慢することなんだ、と書いています。安倍政権は、辺野古の海に土砂を投入するという既成事実を積み重ねていけば、沖縄は抵抗を諦めると考えている。でも、一方の沖縄では、いまは我慢して１００年後に基地を壊して原状回復してやる、２００年かけてもサンゴ礁を回復するんだというくらいの気持ちで抵抗を続けている。

これは、本土の人にはわかりにくいかもしれないけれど、私には非常によくわかるんです。だんだん、だんだん文化が政治を包んでいくだろうと。そのために重要なのは非暴力。だから、その非暴力のレベルをもっと上げないといけないと。柵をゆするとか、怒鳴りつけるとか、そういうことはもうやめて、徹底的な非暴力で戦わないと、逆に、相手方に暴力による排除の口実を与えてしまう。弱者の戦いっていうのは、徹底した我慢なの。それによって抵抗を長期化していく。たぶん、沖縄の知識人たちの考え方は、そっちのほうにシフトしていると思うんですよね。

日本の発想からすると、そうした沖縄の態度を非常に弱いと感じたり、現状に追従しているように見えたりしていると思うんだけど、それは違うんですよね。沖縄人たちは、相手方は圧倒的な暴力装置をもっていて、しかも、聞く耳ももたなければ、法的な解決もまずないという状況の中で、じゃあ、どうしたらいいんだと本気で考えている。その結論がこれなんです。

木村　お話を伺っていると、北朝鮮に対しても沖縄に対しても、日本の世論が極めて硬直的、かつ、差別的であるという印象を受けるんですけれども。

佐藤　しかも、それが構造化されているから、当事者は意識しないですよね。もっともサブカルチャーのほうに現下日本人の内在的論理が現れているのが興味深いんですけれども。

トレンディドラマが消えたテレビ

佐藤　木村さん、「東京タラレバ娘」を見ました？

木村　情報としては知っていますけれども、見てはいません。すみません。

佐藤　「東京タラレバ娘」っていうのは、東村アキコさんの漫画で、２０１７年1月から3月まで日本テレビ系列でドラマとして放送されていました。主人公は、原作では33歳、ドラマでは30歳の女性なんですが、２０２０年東京オリンピック開催が決まったときに、「一人で東京オリンピックを見るのは嫌だ」と言い出した。フレンチやイタリアンではなくて、居酒屋で女子会をやっている女性たちを描いた物語です。結婚して、子どもが何人いて、なんて話しているけれど、２０１７年になっても全然実現できていないと。

結局、彼女たちから見て取れるのは、完全な生活保守主義なんですよ。男女雇用機会均等法には背を向けて、いまの50代や40代後半によくいるような女性にだけはなりたくないと。例えば、フリーランスで自己実現なんて非現実的だから、会社は辞めない。不倫相手のためにビーフシチューをつくるような生活をしても、何も生まれてこない。それから、不倫は駄目。30歳を過ぎた女性は、結婚相手に求める条件を下げていかなければいけない。結婚に夢があるわけじゃないけれども、結婚をして、基本を固めるっていうことが、生き抜くためのほぼ唯一の道だ。こういうメッセージですよね。さらに、何か問題があると居酒屋で女子会っていうのは、結局、アルコールでいろいろなことをごまかしているわけだから、アルコール依存症でしょう。

このドラマを支持する人が、視聴率で十数パーセント。オンデマンドとか録画の視聴者を含めると、二十数パーセントに届く。自分たちの置かれた状況と政治とが、回路としてほとんどつながってこない。そういう生活保守主義者がたくさんいる状況というのは、為政者にとっては都合がいいんでしょうね。白紙委任状をもらっているようなものだから。

木村　目の前のことに精一杯で、社会をどうしたいかなんて考える暇がないと。

佐藤　ええ。人々が目の前のことで精一杯になるように仕組んでいるんじゃないかという気すらします。だって、いまの安倍政権が主張している「女性の活躍」って、結局のところ、ほとんどが介護職か医療職ぐらいしか行き先がないじゃないですか。介護・医療職は、景気動向の影響が少ないという点では安定していますけれど、賃金水準は他業種に比べて恵まれているとはいいがたい。そんな中、雇用保険制度の縮小を進めているわけで、生活に困った男は、だれかパートナーの女性を見つけて、そこに転がり込めと言っているような感じが、私はします。

いまの政府の処方箋の結果っていうのは、そんなようなのばっかりですよね。それに歩調を合わせるかのように、テレビでもいまの生活だけに目を向かわせる。バブル期のトレンディドラマは、わあーっと消費を謳歌するような感じだった。でも、いまのドラマは、居酒屋で飲み食いして２５００円ぐらいが平均だなと、こういう感じになってくるわけでしょう。現実を見ろ、現実を見ろ、早く結婚しろ、とドラマの世界でまで急き立てられる。

そんな世の中ですから、私の皮膚感覚でも、周囲の結婚年齢は下がっている感じがします。特に20代での結婚は増えている感じがする。

木村 なるほど。

佐藤 そういう中で、公務員としての感覚が著しくやせ細っていく。

木村 公共性だとか理念だとかを語るのが夢物語に見えて、ただ、いまをやり過ごすのに精一杯だと。私たちはそういう場所にいるという原点を確認したほうがいいですね。

佐藤 原点を確認すると同時に、やっぱり、それをどうやって変えていくかっていうことも考えなければいけない。

木村先生は大学教師として一生懸命やっておられると思いますが、教育の現場にはすごくいい学生もいるはずです。だから木村先生のように、教育者としての能力が高く、常に教育的な配慮をしながら本をつくっていく人材というのは、すごく重要だと思うんですよ。

木村　確かにそうかもしれないですね。

なぜ生活保守主義が蔓延するのか

佐藤　立命館大学大学院准教授でフランス思想が専門の千葉雅也さんが、最近、『勉強の哲学 来るべきバカのために』（文藝春秋）という本を出しています。彼はその本で、勉強するということはノリが悪くなることだ、周囲とのあいだで浮き上がることが勉強の効果なんだ、そう言っています。

千葉さんは、他者とか外部性とかを入れて、フランスの現代思想を引っ張りながら論じているんだけれども、そこから感じるのはこんなことです。思想には、通俗的な思想と学術的な思想があるのだけれど、通俗的な思想の力がすごく強くなっている。

でも、通俗的な思想が流行った後って、ろくなことが起きないんです。慶應義塾大学経済学部教授で財政学が専門の井出英策さんと、慶應義塾大学経済学部准教授の松沢裕作さんが編者になって、『分断社会・日本――なぜ私たちは引き裂かれるのか』（岩波ブックレット）という本を出しているのですが、その中で、新興宗教・大本の開祖、出口なおの話が出てきます。出口なおの生きた江戸末期から明治初期というのは、二宮尊徳の勤勉だとか、倹約だとかといった通俗道徳が人々を強く支配していた。出口なおは、そうした通俗道徳に従って生きていたのだけれど、どうしてもうまくいかずに、経済的に破産してしまった。そうすると、周囲の人から、「経済的敗北者＝道徳的失敗者」とみなされるんです。その理不尽さに耐えられずに、出口なおは、「外国は獣類の世、強いもの勝ちの、悪魔ばかりの国であるぞよ。日本も獣の世になりて居るぞよ……神が表に現はれて、三千世界の立替へ立直しを致すぞよ」（『大本神諭 天之巻』）と言って、神がかりになっていく。[*12]

千葉雅也さんのいうように、ある意味じゃ、知識人としての知は世の中に影響を与えられない以前に、ノリが悪くなる。だから、それに耐えうる人間でなければ、勉強はしないほうがいい。つまり、学問的な思想は、時勢とは関係がない。

これに対して、通俗的思想は、人々のあいだですごく受けるんです。例えば水野敬也さんの『夢をかなえるゾウ』（飛鳥新社）シリーズは300万部を超えて、いまだに売れ続けている。この本は、ダメダメなサラリーマンの前に、関西弁をしゃべるゾウの姿をした神様〝ガネーシャ〟が現れて、成功するための秘訣を教えるんです。靴を磨けとか、コンビニで募金しろとか、そういったところから入ってきて、結論は何かっていったら、とてつもなく不幸になれば、人は変われると言う。要するに、こういった本は、宗教の要素を上手に盛り込んでいるんですね。

こういうのを見ていると、「俺は大きくは変われない」ってことを前提に、「必ずしも満足した生活じゃないけれども、少なくとも大きな不幸に遭遇して変わるよりは、いまのほうがいいじゃないか」とか、「女は30歳になったら結婚に理想を求めてはいけない。ともかく生活を確保しよう」とかっていう、一種のシニシズムとニヒリズムと、それに生活保守主義が蔓延しているのを強く感じます。

こういう閉塞感を破るためには、「人間とはなんなのか」という、根源的な問題について話し合わなきゃいけない。そういう状況になってきているような感じがするんですよね。

木村　なるほど。私が最近、引っかかったのは、２０１６年8月5日のハフィントンポストで紹介されていた「内心ではみんなポリティカルコレクトネスに媚びるのはうんざりしているんだ」というクリント・イーストウッドのコメントです。こうした発言の背景にも、シニシズムやニヒリズムの蔓延が関連していると思います。こうした状況は、ポリティカルコレクトネスが社会に浸透してきたことへの一時的な反動だと思いますか。

佐藤　構造的な感じがしますね。なぜなら、フランスでも極右政党、国民戦線のマリーヌ・ル・

ペンが出てきているように、たとえ大統領にまではならなくても、確実にル・ペン的なものは残るんです。

木村　佐藤さんが「構造的な問題」とおっしゃるのは、通説的に言われている、「グローバル化による先進国の中間層の没落」ということでしょうか。

佐藤　中間層の没落は大きいでしょうね。あと、もうひとつは、ハーバーマスが『晩期資本主義における正統化の諸問題』（岩波現代選書）という本で言っている、順応の気構えの拡大ですよね。

どういうことかというと、われわれは一応、啓蒙的理性のもとで教育は受けているんだけれども、情報が多くなりすぎている。だから、一つひとつ検証していこうとするとふらふらになってしまう。そんな中、自分が理解できないことをだれかが説得してくれれば、その部分を括弧に入れて、とりあえず先に進める。そういう順応の気構えが広がっていると思います。

北朝鮮との対話は可能か

木村　でも、例えば、一見難しそうな北朝鮮問題だって、佐藤さんのおっしゃるように、「普通に考えれば、これしかないだろう」という落としどころは、理論的に考えればだれだってわかる気がするんですけれども。

佐藤　理論的には簡単なんです。ただ、その帰結が受け入れがたい、というのは、実はあるんですよね。局面を変えるためには、安倍さんが虚心坦懐に金正恩委員長と話し合うしか道がない。第四次中東戦争が終わった後にエジプトのサダト大統領がイスラエルに乗り込みましたけれど、それと同じことが必要です。でもそれには、何らかの宗教的な動機がないと難しい。サダトがそれをできた背景には、アッラーの啓示がありますから。

北朝鮮がなぜ世界中を敵に回してまで核と弾道ミサイルを開発するのか。それはやっぱり、あの国はあの国で生き残りに必死だからです。核と弾道ミサイルを放棄したリビアは、それによって何かいいことがあったのか。あるいは、化学兵器、生物兵器を放棄したイラクは、それでいいことがあったのか。北朝鮮は北朝鮮なりにそうした先例に学んで、核開発にこだわる。

でも、リビアやイラクが駄目になったのは、兵器を放棄したせいではないと私は思います。リビアのカダフィー政権は、仮に核開発をしたとしたって、中から崩れていったでしょう。サダム・フセイン政権だって、やっぱり、もたなかったと思う。武力をむき出しにするような独裁型の支配体制というのは、決して先は長くないんですよ。

逆に言うと、少なくとも、金正日の時代までは、国家の中で正統性を得るために、相当な努力をしているわけですよね。北朝鮮では、それなりに自分たちの夢を実現できる。朝鮮労働党の幹部になるとか、あるいは、保安機関の職員になるといった夢をもって、それなりに普通の生活があるわけですよ。でも、核兵器を開発するっていうことは、その普通の生活を壊すリスクがある。彼らは大きな賭けをしているんです。理論的に考えれば、そんな賭けをする必然性は全然ない。だから、合理的に話せばわかるところがあるはずなんです。でも、彼と公式な話をしようとする人がいない。彼はそもそも対応不能だと、世界のみんなが一面的に決めつけてしまっている。

安倍政権は、北朝鮮政策は何もしていない。沖縄においては、不作為によってルーティーンワークとしての暴力が日常化する構造を許している。ところが、北方領土交渉に関しては、ナショナリズムを抑えて、「二島だったら平和条約を結んでいい」というところまで譲歩する。考えられないほどの柔軟性を発揮した交渉をしているんですね。安倍政権の動きは、整合的に理解することが本当に難しいです。

木村 それは、場当たり的ということですか。

佐藤 ポストモダン政権なのかもしれない。彼らは相対主義的で、実のところは何も信じていない。

4　劣化するマスコミと官僚

「ご意向」文書の正体とメディアの変容

佐藤　この点で気になるのが、加計学園（岡山理科大学）の獣医学部新設に関して「総理のご意向」などと書かれた文科省の怪文書です。役所が正式につくる報告文書の場合、例えば外務省だったら緑色の表紙をつけて、起案者の名前と電話番号を書いて判子を押して、主管局——例えば、欧州局長、審議官、参事官、ロシア課長、首席事務官の判子を押して、という書式があります。それで、どこまで回覧するかの指示が出されて、回覧者はそれぞれに印をつけていく。

ところが、起案日も起案者もなくて、回覧のチェックが残らないようにした文書がときどきつくられます。ある程度大量の部数を作成して、みんなで情報を共有しておかないといけないいけれど、首相官邸に話が漏れた場合に備えて、責任者がわからないようにしておく。こういう文書がつくられるということは、役人の側に、違法性の認識まではないと思うんだけれども、相当変なことをやっているんだという意識があるということです。

官邸は、最初は出所不明の怪文書として逃げ切ろうとした。でも、前の文部科学事務次官である前川喜平さんが、それについて文科省内でつくられた文書だという証言をしそうだとの情報を得た。そこで慌てて、公安警察から得ていた前川さんが歌舞伎町の出会い系バーに出入りしていたという情報をリークして、読売新聞にスクープとして報じさせた。

こういう国家権力の使い方は、やっぱり、尋常じゃないですよ。しかも、前川さんが記者会見をしたときの、読売新聞の記者の質問が面白かったでしょう。公務員の守秘義務は退職後も及ぶはずですが、そうした文書の存在について言明することは守秘義務違反ではないですかと質問した。

木村　報道機関が情報をとるチャンスの場で、わざわざ聞いたわけですね。

佐藤　報道の仕事って、ある意味、日常的に守秘義務違反をさせることじゃないですか。「読売新聞は、遵法精神が高いので、公務員の守秘義務に配慮します。読売には一切、秘密の話はしなくてよいです」って言うのかという話ですよね。

でも、おそらく記者は本当にそう思っているんですよ。読売の空気は、やっぱりちょっと変になっているんだと思います。

木村　どういうことですか。

佐藤　「それがわれわれの正義だ」という感覚だと思います。極端な話を言うと、ソ連共産党中央委員会の機関紙の「プラウダ」と同じような感覚です。プラウダの記者だったら、共産党からはずれた人物がいて、その人物が何かを暴露するっていったら、裏切り者として扱うでしょう。

木村　そこまで、政権と一体化しているっていうことですか。

佐藤　一体化していますね。だって、安倍首相は、読売新聞の独占インタビューを受けて2017年5月3日の読売新聞朝刊1面に載せた。そして、5月8日の衆院予算委員会で改憲について民進党（当時）の長妻昭議員から問われると、「自民党総裁としての考え方は相当詳しく読売新聞に書いてありますから、ぜひそれを熟読していただいてもいいんだろうと」と答えた。これが国会での通常の答弁だと思いますか？

木村　いや、異常だと思いますね。「官報を読め」ならまだしも。

佐藤　そうですよね。普通なら、こんな発言をしたら国会が止まりますよね。これだから、読売新聞は「プラウダ」か「人民日報」か、っていう話になるわけですよ。

木村　なんで読売はそうなっちゃうのでしょう？

佐藤　やっぱり、トップと総理大臣の関係でしょうね。読売新聞がインタビューをとったのが4月26日、その2日前に渡辺恒雄さん（読売新聞グループ本社代表取締役主筆）に会っていますから。民間の大手新聞社と首相との間に特別の親交があるというのも含めて、不思議なことが起きていますよね。

木村　ちょっとこれまでにない空気ということですね。

佐藤　こうした異様な動きは、連立方程式になっています。

前川さんについて、読売新聞にスキャンダルを載せて、「こんなに怪しいところに通いながら、『女性の貧困や子どもの貧困の調査だ』と言い訳する人の言うことを、みなさん、まともに受け取るんですか」とアピールする。

今後気がかりなのは、各省庁の次官や次官候補たちでしょう。政府の特定部門が彼らの行動を監視していて、注意したって言っているんですから。プライベートな活動を洗って、信用失墜行為として注意したわけでしょう。それは、国家公務員法上の処分の対象だという意思表示ですよ。その場では処分まではせずに、注意にとどめるんだけど、その情報が、退職後になって、おそらく公権力以外の考えられないところから出てくる。これは、正常な国家じゃないですね。

今後どうなっていくのかは見えないです。

ヒラリーはなぜ民衆に嫌われたのか

木村　前川さんをめぐる一連の事件についての、民衆の受け止め方も私は気になります。アメリカ大統領選を見ていると、ヒラリーへの当たりがきつかったという印象があります。例えば、トランプは明らかなうそつきだけれど、ヒラリーも多少はうそをついています。そのときに、トランプのうそは棚上げにしつつ、「ヒラリーのうそは絶対に許さない」というメンタリティがあったように思うんです。

前川さんについて強く批判している人たちがかなりいますが、客観的に見れば、政権の側の不誠実の度合いは、前川さんよりもかなり大きいように見えるわけですが、どうでしょうか。

佐藤　客観的に言えば、絶対に政府のほうが不誠実です。ところが、産経新聞と読売新聞は、前川さんを強烈に批判している。日経新聞は、こういう話にはあまり触りたくないという感じでしょう。

これに対して、毎日新聞と東京新聞、朝日新聞は、政府の対応はけしからんと言っていますね。ただ、朝日新聞が、「前川さんの発言はとても立派で、官僚の鑑だ」みたいな証言をたくさん集めていたのは、やりすぎだと思います。

木村　ヒラリーを強烈に批判する人は、偽善が嫌いなのか、うそが嫌いなのか、どっちだと思いますか。

佐藤　偽善もうそも両方嫌いなんですけれども、「だれの」偽善か、「だれの」うそかっていう、属人的な部分が重要かもしれないですね。
ヒラリーが嫌いな理由なんて、探せばいくらでも出てくる。本来は、公共圏として議論をしていかなきゃいけないはずなのに、かなり早い段階で趣味の問題にしてしまい、延々と好き嫌いで攻撃する。趣味っていうのは、ヘーゲル[*13]的に言うと差異のことです。対立なら、一方がいても打ちのめせばいい。矛盾なら構造を変えればいい。でも、差異は、調整できない。

役人は不測の事態を嫌う

佐藤 ちなみに、安倍政権のおかしさといえば、安倍昭恵さんに随行している人たちの出張命令簿が出ていないのも、かなり気になります。
役人の世界では、直前に決まった出張で、「今日はここに行きます」と言って、出張命令簿をつくって、決済をとるっていうのはすごく大変です。だから、とりあえず事実として行ってしまって金一封という処理だと思うんですよ。

木村 だれが金一封を出すんですか。

佐藤 2017年3月3日の衆院国土交通委員会での答弁によれば、私的行為として昭恵さんが出張費を払ったと言っています。じゃあ、その原資はどこだっていうことですよ。それに、国家公務員倫理法６条で、５０００円を超える贈与や報酬を受けた場合には、倫理委員会に報告義務があります。しかもその報告は、四半期ごとに、その四半期が終わって２週間以内にしなければいけない。これに違反すると、懲戒免職もありえます。さらに、所得があれば、確定申告が必要ですよね。

昭恵さん問題については、そのへんから攻めていくべきだと思うんですけど、不思議なことに、そういう攻め方はあんまりしないんですね。

木村　「秘書はどんな根拠で昭恵さんの講演会に同行しているのか」を説明させるまでに１カ月、２カ月かかりましたから。

佐藤　だから、その説明のさせ方が下手なわけですよ。「出勤簿はありますか」から始めなきゃいけないはずでしょう。昭恵さんに同行した日の出勤簿はどうなっていますかと。公務だったら、都内を離れている以上、出張扱いになっているはずです。公務じゃないならば、有休の扱いになっているはずです。

木村　そのあたりが明らかになったとして、だれが責任を取ることになるんですか。

佐藤　最終的な責任は、官邸の事務全体を統括する内閣官房長官でしょうね。いまの政治状況を見ていると、石川達三の『金環蝕』（岩波現代文庫）を思い出すんですよ。実際にあった九頭竜川ダム汚職事件[*14]をモデルにした小説で、史上最悪にダーティな総裁選で、当選するのに17億円も使った。でも、献金は12億円しか集められなくて、党の金庫から5億円を引っ張っていた。それを戻さなきゃいけないので、九頭竜ダム建設に絡んで、竹田建設に入札させることで5億円キックバックさせようという計画が進む。そこのところで、「竹田建設のこと、私からも宜しくお願い申し上げます」と書かれた総理夫人の名刺が出てくる。最終的には、そうした計画の情報が世間に漏れて、漏洩源じゃないかと疑われた事務官が脅されて、自殺に追い込まれる。そんな話です。

木村　昭和に戻っているんですね。

佐藤　そういう感じがします。アマゾンビデオにあったので久しぶりに山本薩夫監督の映画で見てみたら、田中角栄、佐藤栄作、池田勇人がモデルだってわかるようにして出しているんですよ。メーキャップはもちろん、田中角栄をモデルにした幹事長は扇子をもっていたりね。

それを見ていたら、サブカルの世界においても、権力に対するおもねりが、過剰になっていると思います。いまではそんな映画はつくれないと思うんですよ。

木村　安倍政権って、しゃべっている内容は面白いから、コメディの題材になるはずなんですけどね。

佐藤　『金環蝕』が小説としてサンデー毎日に連載されたのは1966年。映画になったのは

１９７５年です。当時の田中角栄たちを相手にして、これだけの映画をつくれたわけ。娯楽映画なんだけれども、俳優、女優は新劇系なんですよ。やっぱり、芸術志向の新劇の役者が、こういう映画をやりたいと思うわけですよね。

だから、いまの政治的混迷を許している背景には、サブカルチャーの変化もものすごく関係していると僕は思います。

木村　そうですね。いま、こういう映画はないっていうことですね。

佐藤　需要はあると思いますよ。森友学園と加計学園を両方合わせて、総理夫人とか登場させて。それは国民に響くでしょう。でも、だれもやらないだろうね（笑）。

木村　でも、こういうのをやっていかないと、庶民の認知がどんどん下がってしまいますよね。

佐藤　だから僕は、大学で講義をやるときには映画を使いながらやっています。「神学を学ぶ者はアナロジカルな見方を常にとれ」って教えているんですが、『金環蝕』を見ながら、「現状をどうアナロジカルに見るか」と問うていくと、学生たちもみんな気づく。気づいたところで、「その背景の構造がどうなっているか考えよう」ということで、民主主義について考えていく。そういう講義が面白いと思います。

木村　確かに、とても面白そうですね。映画界の状況を見ても、われわれがいろいろなものを失いつつあることへの危機感が募ります。

佐藤　確かに、危機的状況です。ただ、希望もあります。ここ5年ぐらいの木村先生の仕事によって、憲法に関する認識と法に関する認識が、だいぶ変わってきていると思う。特に20代、30代の層のところで、変化が起きている。

木村　そうですか。それは、ありがたいです。

5　ニヒリズムと共謀罪

なぜ日本の教育が成果を上げられないのか

佐藤　やっぱり、テレビに積極的に出られるっていうのは、すごくいい選択だと思う。テレビには当然いろんな制約があって、専門家としてはやりにくいこともたくさんあるでしょう。でも、専門家がテレビでコメントをすることによって、関心をもちはじめる人が出てくる。いくらテレビの影響力が低迷したと言ったって、やっぱりすごいですよ。

木村　そう言っていただけると、努力してきたかいがあります。正直言って、専門家として話すには、テレビって本当にきついですから。

佐藤　私はテレビが本当に苦手。自分で扱える感じのメディアじゃない。

木村　(笑)出演されないそうですね。

佐藤　ほとんど出ないです。何が困るって、与えられている時間が短いでしょう。

木村　本当にそうですね。地上波だと、せいぜい持ち時間は1、2分ですからね。

佐藤　ワイドショーだと20秒とか30秒なんてこともあるから、特別な技がいります。この点ラジオは、30分できますから、私も出るんです。あとは、やはり書くのが一番いいですね。

木村　佐藤さんは、いまの状況を変えるには、やはり、教育からだとお考えなんですね。

佐藤　そうです。教育って、みんなが思うよりも、意外と早く効果が出ると思うんですよ。10年ぐらいで効果が出るんだから。

ただ、小学校、中学校あたりの義務教育の授業です。義務教育の教師たちが、憲法や世の中のことに関心をもたないといけない。「現実の経済を知る」というと、子どもを株式市場に連れていったり、模擬的にFXを買わせたりするでしょう。でも、そういうのって、本当は、社会を知ることと関係がないんですよ。それは、競馬場に子どもを連れていかないのと一緒ですから。

大学で教えていると、高校から大学への接続をもっと考えて高校教育をしないといけないと感じます。例えば、リーマン[*15]とかロバチェフスキー[*16]と言ったって学生は全然わからない。平面幾何も怪しい。

木村 それは私もわかりません。

佐藤 そうですか。公理系の話は、われわれのころには、数ⅡBで結構なウエイトがあったんです。「平行線は交わる」っていうことを言い出したリーマンは、お父さんがルター派の牧師で、リーマン自身もともとは神学をやっていて、あとから数学に移った人です。イスラム教やユダヤ教では、神と人は交わらない。でも、キリスト教では、イエス・キリストとして交わってしまう。そこから、平行線は交わるということが真理なのだと気づいた。そして、球面上ならば平行線は交わるということで、非ユークリッド空間を導き出したんです。

木村 数学と神学が関わってくるんですね。

佐藤 まさにそうです。だから、神学的なアナロジカルな見方っていうのを、学生さんには身につけてほしいと思っています。

それから、英語以外の外国語も大事だと思います。ただし、まず、英語を完成させてからですけれどね。

木村 一つの言語をしっかりやる必要があるということですか。

佐藤 日本では、中学校から結構な時間をかけていますから、英語を習得するのが一番早いんです。ときどき、学校英語は使えないっていう人がいますけれど、それはうそですよ。

木村　確かに。学校英語の成績は、確実に留学時の聞き取りとかライティングに関係しますからね。

佐藤　関係します。ただ、いまの日本の英語教育で気になるのは、読む能力が軽視されていることです。いまの教科書って、ほとんど会話文なんですけれど、これはまずいと思います。母国語以外の言語では、聞く、書く、話すという能力が読む能力を超えることは、絶対にありません。だから、読む能力を鍛えなければいけない。

ちなみに、東京大学の場合は、教養課程の英語の先生たちが教科書をつくっているでしょう。

木村　私のいたころは、「The Universe of English」というシリーズで出している教科書を使っていました。いろいろな分野の小論文が入っていて、かなりの長文を読まされますよね。

ちなみに、私は、東大を後期入学試験のみで受けているんで、高校生のころから長文読解重視でした。

佐藤　いま、後期はなくなっちゃいましたね。ほんとにいい試験だったんですけどね。

外交官試験は、キャリアのほうは国家公務員試験と統一されてしまいましたけれど、ノンキャリアのほうは、まだ残っているんです。その試験内容は、英文和訳と和文英訳だけ。

実は、採点者さえしっかりしていれば、語彙力、文法力、構文力が全部わかっちゃう、すごくいい試験なんです。

木村 なるほど、そうですね。

佐藤 学生たちに短期的に学力を向上させようと思ったら、ディクテーションが効果的です。文法とスペルがしっかりしてきますからね。

木村 なるほど。

佐藤さんは、一般向けのメディアでお話しなさるときには、時事的なテーマを扱われることが多いように思っていました。でも、お話を伺っていると、現在の状況を鋭く分析するためには、ものすごく基礎的な学力が大事なんだという気がしてきました。

ニヒリズムにとらわれ続ける知識人

佐藤 そうですね。いまの状況は非常に深刻な状況なのに、多くの人は無自覚です。そこには、基礎的な学問の欠如を感じます。じゃあ、みんなが勉強すればいいかと言うと、千葉雅也さんの言うように勉強するとノリが悪くなる。みんなが勉強するなんて、不可能なんです。

この状況を見ていると、ナロードニキ[*17]を思い出します。

木村 ロシアの農奴解放後、「人民のもとへ」を合言葉に、社会主義実現のため、小作農たちに反乱を呼びかけた人たちのことですね。

佐藤　はい。彼らは中流以上の都市住民でしたから、農民からは不審者扱いされ、警察に突き出されたり、自警団から暴行を受けたりした。貧しい農民のために活動していたつもりが、農民から排除され、弾圧された彼らは、「人民の意志」というテロ組織になっていってしまった。こうなっては、元も子もないでしょう。

やっぱり、知識人たちが、非知識人との関係を切断するようなかたちで物事を考えるのはまずい。でも、なかなか一般の人には受け入れられない。そういう中で、「勉強するってことはノリが悪くなることなんだ」と開き直る、言語ゲームを楽しんでいく、それが知識人の生き残りの方策の一つじゃないかなと思います。

木村　なるほど。最近の知識人を見ていると、民衆の中に分け入っていこうとして、民衆のニヒリズムに自ら率先して身を投じているようなところがあるように思います。この傾向は危険です。

佐藤　「悪によって悪を切る」という論理でしょうけれど、うまくいくはずがありません。われわれ神学的な観点からすると、必ず悪の構造に絡めとられますから、ニヒリズムによってニヒリズムを克服するというのは不可能です。

いまはみんなに嫌われるかもしれないけれど、やっぱりポジティヴィズム[*18]（実証主義）

で行くしかない。何か目に見えるかたちにしていくしかないんですよね。例えば、東京の千代田区は、「猫の殺処分ゼロ」を2011年に実現して、いまも継続しているそうです。こういうところには、アソシエーションができていて、ニヒリズムもない。

木村　それは、すごい成功例ですね。

佐藤　地域にはネコが嫌いな人だって当然いるわけだけれど、丹念に対話を重ねていった。ネコのえさやりを認めてもらう代わりに、掃除をするとかね。

でも、すごく不思議なのは、ネコに対してこれだけの情熱があるのに、なんで人間にその情熱が向かないのかということです。

木村　確かに、米軍基地問題も、そういうかたちで解決していくべきですよね。

佐藤　そうですよね。ちなみに、殺処分ゼロのことを調べていったら、ドイツがこの問題の先進国であることがわかったんです。ナチス時代には人体実験を平気でやって、人を焼却炉にくべていた国が、いまや動物の殺処分を一切しない。ドイツは世界に対して、「第三帝国とドイツ連邦共和国は違うんだ」とうまくアピールしたと思います。ちなみに、ブタの去勢の際に麻酔をかけてない先進国って、日本ぐらいなんですよ。

木村　そうなんですか。わが国は、「大日本帝国と日本は違うんだ」っていうアピールができていないということですね。

佐藤　「戦後レジュームの脱却」って、裏を返せば、「戦前のレジュームとの継続性をつくる」っていうことですから、注意が必要です。２０２０年にオリンピック、パラリンピックが来ますが、（男女別ではなく、トランスジェンダーの方も利用できる）レインボーのお手洗いの整備は不十分で、ＬＧＢＴに冷たい国だと世界から思われるでしょう。その代わり、なぜか禁煙に関しては異常に厳しい。

木村　禁煙って、ナチス・ドイツを思い浮かべたりしませんか。

佐藤　禁煙帝国ナチスのイメージはありますよね。そこに加えて、動物の殺処分が多いとなっては、イメージがすごく悪いと思うんですよね。

木村　そうですね。

共謀罪はテロを防ぐ法律ではない

木村　共謀罪[*19]（組織的な犯罪の処罰及び犯罪収益の規則等に関する法律等の一部を改正する法律案＝テロ等準備罪）の成立によるプライバシー侵害も、世界から懸念の声があがっていますよね。

佐藤　本当に、そうですね。外務省の人は、パレルモ条約[*20]批准に必要だと言っていますけれど。

木村　外務省の人は、本気でそう思っているのでしょうか。

佐藤　本気でしょう。参加罪か共謀罪をつくる必要があると考えています。その背景にあるのは、「治安維持法は正しい」という感覚でしょうね。僕もその理屈はある程度はわかります。「信仰即行動」、「思想即行動」という人間が一定程度いるのは事実で、それにどう対応するかについて、壁にぶつかっていますから。

近代的な自由主義からすると、自分たちの信仰や思想と行動には距離があることを前提に、行動に移したところで初めて摘発すべきでしょう。ところが、「信仰即行動」、「思想即行動」の存在が目につくようになったせいで、あらかじめ網をかけないといけない、隔離しなければいけない、という方向に進んでいっている感じがしますね。

木村　共謀罪の成立は、やむをえないというお考えですか。

佐藤　日本の準備している共謀罪に実効性があるのかは疑問もあります。でもある意味、これは私の限界なんだけれども、やっぱりテロの脅威は現実に発生しています。例えば、外国ではメンターが精神科医と組んでいて、自殺志願者が自爆テロに応募しているんですよ。自殺志願者に、「あなたはこのままでは敗残者として、みじめに死んでいく。命を捨てる覚悟があるなら、自殺ではなくて、ジハード[*21]に参加して、天国への扉をあけようではないか」と呼び掛けている。そういう状況では、隔離的な対応が必要だという主張にも説得力を感じます。

木村　そこなんですけど、テロの準備行為を処罰する法律がすでに存在するのはご存じでしょうか。今回のテロ等準備罪法案で網にかかる部分は、テロに関係する部分はすでに全部網がかかっているんです。ですから、テロ対策としては不要だというのが、私の理解です。しかも、パレルモ条約は組織的犯罪集団、いわゆるマフィアや暴力団対策の条約であって、そもそもテロ対策の条約ではないんです。

佐藤　そこは、条約作成者たちの意図と、現実にそれを運営する人たちの発想とのあいだに乖離があるということではないでしょうか。

木村　ただ、パレルモ条約が対象としている「組織的犯罪集団」とは、「金銭的利益その他の物質的利益を直接又は間接に得るため」という限定があるんです。テロ組織は、必ずしも金銭的・物理的利益の獲得を目的にはしていないですよね。

佐藤　テロ行為には、資金獲得のための身代金とか、金銭目的がつきまといますから、対象になりうるんじゃないでしょうか。

木村　テロのための資金集めは、テロ資金提供処罰法ですでに対処可能です。共謀罪を新たにつくる必要はないはずなんです。

それに、最近問題になっている、組織に属さないテロリスト、ローンウルフ（一匹狼）型のテロには、共謀がないから対応のしようがない。殺人予備罪をしっかり適用していくほうが重要でしょう。

佐藤　でも、例えば、コーランのどこかを引用して、自分がジハードに生涯を捧げるって宣言しただけでは、殺人予備の適用はできないですよね。

木村　もちろん、凶器を準備するとかの行動がなければ、殺人予備にはならないでしょう。でも、ローンウルフ型の場合、共謀がないから共謀罪は適用できないはずです。

佐藤　「イスラム国」のインターネット上の言説や教説を見て、自分もその思想に共鳴したということで、共謀にあたるのではないですか。

木村　今回の組織犯罪処罰法では、指揮命令系統がないと共謀と認定できません。ですから、ローンウルフ型の場合、きちんと監視を続けて、凶器の準備等をしたところで摘発するのが現実的だと思います。

そういう意味で、今回の法律はテロ対策にはならない。共謀罪反対派は、「テロの計画・予備段階での対策が不要だ」と言っているのではなく、「この法律がテロ対策だというのはうそだ。すでにより実効的なテロ対策法が整備されている」と主張しているんです。

佐藤　漫画家の小林よしのりさんは、２０１７年4月25日の衆議院法務委員会参考人質疑で、委縮効果が起きるから駄目だって強調していましたね。

木村　そこも、大きな懸念ですね。私は、小林さんと同じ日に参考人をなさっていた京都大学大学院教授の高山佳奈子さん（刑法学）の議論を中心に勉強しました。反対派の主張は、（1）テロ対策の法律はすでに整備されている、（2）パレルモ条約はテロ対策条約ではない、（3）一般人への委縮効果がある、を三本柱として主張しています。

佐藤　でも、政府は押し切るでしょうね。

木村　ええ、押し切るでしょうね。一般の方は、「テロ対策」という言葉でなんとなく納得してしまっている。

佐藤　そうか。確かに、テロ資金提供処罰法で、テロへの資金提供と役務提供はすでに処罰対象ですね。

木村　「役務の提供」には、下見も当然入りますから、テロの計画があるなら、そちらで対応できる。ローンウルフ型の場合には、共謀罪でも対応できませんから、殺人予備で対応するしかない。あまり明確に報道されないので一般の方には伝わっていないかもしれませんが、国会の答弁でも、テロ対策に役に立たないことは明らかになってきているんです。

佐藤　そうか。だから、条約の批准を強調するのか。参加型か合意型か、どちらかの国内法を整理しなければならないと。

木村　そうなんです。ただ、条約のとおりに条文をつくると、過失犯の共謀罪をつくらなければいけないことになってしまって、あまりに不合理です。条約自体のつくりがいまいちなのだから、それほど生真面目におつきあいするべきものじゃないだろうというのが、反対派の言い分です。

佐藤　過失犯の予備罪なんていうのは、これはいくらでも拡大できますもんね。

木村　ええ。パレルモ条約については、各国ともそこそこにおつきあいしているという状況に見えますね。アメリカは条約の内容を一部留保している。フランスでもカナダでも条約の文言どおりには法律をつくっていないんです。

共謀罪の先に見える常時監視社会

佐藤　外務省が考えているのは極めて荒っぽい話で、外国と情報協力をするための体制は万全ですとアピールしたいんでしょう。その体制がどんなものかと言われたら、「少しでも疑わしいやつがいたら、内心に踏み込んで、隔離的な手法をとれます」ということなんですよね。

木村　そういう話だと思います。

佐藤　そうなると、国家権力が暴走しないように、私ら市民の側もツールをもたなきゃいけない。でも、それができていないということですよね。

木村　市民の側の危機感は、一部の人を除いて低いですね。

佐藤　それは、自分が捕まると思ってないからですよ。

木村　しかし、贈収賄も共謀罪の対象に入っていますから、外務省の官僚だって他人事ではないはずですが。

佐藤　しかし、彼らは、自分たちは特異点だと思っていますから。

木村　うーん。いくら官僚だからといって、暢気に構えている場合ではないと思うんですけれど。高山さんの参考人質疑で、問題点は出尽くしていましたし、ちょっと考えればわかることだと思うんですけれども。

佐藤　となると、政府の側は、論点を一つひとつ解決していくのではなくて、印象操作と数の力で押し通そうとするでしょうね。

木村　共謀罪の話が出てきた当初は、世論調査でも賛成派が10ポイントぐらい多かったんですが、だんだん拮抗するようになってきています。それで政権は、審議を急ぐ作戦に出ています。

佐藤　ちょっと穿った見方をすると、森友問題があのタイミングで出てきたのも、共謀罪の審議から目を背けるためだったんじゃないかと、私は見ています。新聞の紙面もテレビの放送時間も限られていますから、森友問題が騒がれれば、共謀罪への関心が薄れるんですよ。森友問題については、官邸に不利な決定的な証拠は、なかなか出てこないでしょうしね。

この官邸は、そういうスピンコントロール的なものが非常にうまいんですよ。共謀罪に関連して、みんなに思い出してほしいと思うのは、オウム真理教事件のときの捜査当局や裁判所の判断ですよね。

木村 カッターナイフをもっていたというので銃刀法違反で現行犯逮捕されたり、自動車の移転登録をしなかったために道路運送車両法違反容疑で逮捕されたりという、通常ではありえないような別件逮捕が横行していた話ですね。

佐藤 そう。本当にひどかった。これは木村先生のご専門なので、私が言うのもなんですが、国家権力が治安や体制を維持しないといけないと覚悟を決めているときには、とんでもなく暴走するんですよね。さらに、恐怖にかられた国民やメディアは、「しかたないじゃないか」とその暴走を支援してくれる。

そうすると、どうなります？　ベルギーやフランスでテロが起きたとき、ほとんどの実行犯は逮捕されずに、射殺されているんです。これは、私には異常な事態に思えます。おそらくは、ベルギーやフランスで死刑制度が廃止されているのと関係しているんでしょう。

生け捕りにすれば実行犯を尋問できるという点は、捜査当局にとってメリットです。ただし、デメリットも大きい。

木村 死刑にならないということですか。

佐藤　そうです。公判手続きを通じて、テロリストの主張がメディアに載るのも嫌ですが、さらに嫌なのは、刑務所がテロリストの新しい拠点になることです。ヨーロッパの刑務所は、日本のように懲役があるわけじゃなくて、集会とかも自由にできます。刑務所がリクルートの場になってしまうんですよ。だから、メンターになる可能性のあるやつは、その場で射殺したほうがいい。現場には、警官しかいないわけですから、目撃者もいない。ヨーロッパでは、どうもそういう荒っぽい発想になってしまっていると思います。

安倍政権というか、安倍政権の周辺で動いている外務官僚や警察官僚の考えるところは、私は皮膚感覚でわかる。結局のところ、彼らは治安維持法にしたいんですよ。通信傍受法だって、いまの制度の下で、捜査機関がやりたいことはほとんど何でもできちゃいますからね。

今後は、ネットの情報を検知できるシステムなんかも開発されていくでしょうね。イスラエルでは、すでに開発が進んでいるようですが、テロを起こしそうな人間には、行動パターンがある。特に自爆テロを決行するときには、特定のキーワードが入った文書をアップする人が多い。そういうのを検知して、すぐに捜査員が現場に向かって、テロを予防できるという。あるいは、テロリストになるリスクの高い人をリストアップして、常時監視するとか。

木村　本当に治安維持法の再来ですよ。

佐藤　治安維持法の結末から学ばなければいけないはずなのに、なぜ学べないのでしょう。

木村　時の政権からしてみれば、自分の政権を倒そうとする者はほぼテロリストですからね。

佐藤　（笑）まさに、「言論テロだ」ってことですか。

木村　そうです。治安維持法の再来を阻止できる力があるとすれば、最終的には、社会の力でしょうね。もちろん、その前提として、法的な議論っていうのをやらなくてはいけないんですがね。

佐藤　専門家としての職責を果たしつつ、社会の力に期待するしかないですね。

用語解説

＊１　**特異点**

科学技術においては、ＡＩやロボットが人間の能力を超えて社会や人類の存在に大きな変化を与えるようになる転換期を指す。「技術的特異点」、「シンギュラリティ」とも言われる。

＊２　**北緯38度線**

第二次世界大戦末期、アメリカとソ連により北緯38度に設定された朝鮮半島の分割占領ライン。朝鮮戦争をへて南北の停戦ラインは引き直されたが、現在もこの名前で呼ばれることが多い。

＊３　**非核三原則**

「核兵器を持たず、作らず、持ち込ませず」とする日本の核政策の国是。50年代から表明されていたが１９７８年に衆議院で国是とする旨が決議された。

＊４　**日本原燃**

ウラン濃縮事業や使用済み核燃料の再処理事業、放射性廃棄物の中間貯蔵や埋設などを目的として、１９８０年に日本原燃サービス株式会社として設立、１９９２年に日本原燃産業株式会社と合併し、発足した会社。現在の本社所在地は青森県上北郡六ケ所村。

＊５　**原子力船むつ**

日本で唯一の原子力船。１９６９年の進水時は青森県むつ市大湊港を母港としたが、１９７４年航行中に微量の放射線漏れを起こしたため、地元でも大きな反対運動が起こる。１９９３年に原子炉が撤去されディーゼル機関を換装。現在は海洋研究開発機構の海洋地球研究船「みらい」として運用されている。

＊6　惑星探査機はやぶさ
宇宙科学研究所（現ＪＡＸＡ）が小惑星探査を目的に打ち上げた科学衛星。幾多の困難を乗り換えて小惑星イトカワに到達、打ち上げから7年後の２０１０年に地球大気圏に再突入し、世界で初めて小惑星のサンプルをもち帰ることに成功した。

＊7　人形峠
岡山県鏡野町と鳥取県三朝町の境に位置する。１９５０年代にウランの鉱脈が確認され、動力炉・核燃料開発事業団により鉱業所が設けられた。ウラン濃縮プラントなどが建設されたが、品質が低く採算が合わないためにウラン採掘を停止した。

＊8　メンデレーエフの周期表
１８６９年にロシアの化学者ドミトリ・メンデレーエフが提唱した元素の周期表。原子量順に並べられ、性質の似た分子が並ぶように配列されている。

＊9　仁科博士たちのグループ
第二次世界大戦中、理化学研究所の仁科芳雄主任研究員らのグループは、陸軍航空技術研究所の依頼を受けて原子力爆弾の研究を行っていた（二号研究）が、１９４５年の東京大空襲により研究設備が焼失するなどして頓挫。

＊10　辺野古基地に関する最高裁判決
沖縄県の米軍基地移設先候補である名護市辺野古の埋め立ての承認を、翁長雄志・沖縄県知事（当時）が取り消したことに対し、国が取り消しの差し止めを求めて起こした訴訟。高裁で県の承認取り消しが違法とされ、２０１６年12月の最高裁で県の上告が退けられた。

＊11　**チャンネル桜**
日本の伝統文化復興と保持を目指して設立された超保守系テレビ番組制作会社「日本文化チャンネル桜」。当初は衛星放送「スカパー！」の専門チャンネルとして放送していたが、現在はインターネット配信による放送のみとなっている。

＊12　**大本**
霊能者・出口なおを開祖とする日本の神道系新宗教団体。戦前に日本有数の宗教団体へ発展するが、二度にわたって政府からの弾圧を受けて壊滅的被害を受けた。

＊13　**ヘーゲル**
ドイツの哲学者。『精神現象学』などの著作で知られるドイツ観念論哲学の確立者。全世界を、矛盾を含みながら常に運動・変化する弁証法的発展過程と見なした。

＊14　**九頭竜川ダム汚職事件**
福井県の九頭竜川のダム建設をめぐり、60年代に表面化した汚職事件。元首相秘書官やジャーナリストが不審死するなどして、真相はうやむやのままに終わる。

＊15　**リーマン**
ドイツの数学者。リーマン幾何学の確立やリーマン積分、ゼータ関数についてのリーマン予測など、多大な功績を残した。

＊16　**ロバチェフスキー**
ロシアの数学者。非ユークリッド幾何学の一つ、ロバチェフスキー幾何学（双曲幾何学）を確立した。

＊17　ナロードニキ
人民主義者とも呼ばれるロシアの社会運動家の総称。帝政を打倒し、農村共同体を基礎に新社会建設を目指した。

＊18　ポジティヴィズム（実証主義）
超越的な存在や経験に由来しない形而上的概念を用いることなく、経験的事実のみに基づいて論証を進めるとする哲学思想。

＊19　共謀罪
国際組織犯罪防止条約（パレルモ条約、次注参照）を締結するために2017年6月に国会で採決され、7月に施行された「テロ等準備罪」の通称。テロを含む重大な組織犯罪を未然に防ぐために不可欠とされ、組織犯罪を計画し実行準備行為が行われた段階で処罰される。2005年に廃案となった「組織的な犯罪の共謀罪」法案の名を引き継ぎ、「共謀罪」とも呼ばれる。

＊20　パレルモ条約
2000年に国連総会で採択された「国際的な組織犯罪の防止に関する国際連合条約（TOC条約）」。国際的犯罪集団への参加や共謀、マネーロンダリングなどを未然に防ぐことを目的とする。2018年6月18日現在、189の国・地域が締結している。

＊21　ジハード
イスラム教において信徒に課せられた宗教的義務。近年は、異教徒との戦いを指す「聖戦」が有名だが、本来は「努力」「奮闘」を意味し、広義に「神のための内面の戦い」を指す。

第6章

自律型AIに人を殺す権利を与えるべきか

山川 宏・木村草太

写真：髙橋勝視

1　汎用人工知能に何ができるのか

人工知能は何を目指すのか

木村　やはり、ＡＩについては、まだまだ技術として知られていない部分も多いかと思うので、基本的なところから伺いたいと思います。ＡＩにもいろいろな定義があるかと思いますが、山川さんはどのように理解されていますか。

山川　ＡＩという単語は、Artificial Intelligence の頭文字をとったものですから、言葉通りに言えば、人工的に人間などのような知能を実現させる技術分野ということになります。しかし、知能とは何かと言われると、その定義はなかなか難しい。広く考えれば、何らかの情報が入ってきて、その情報に基づいて何らかの処理を行って、元の情報からは単純にはわからないものを推定する、例えば、未来を予測したりとか、過去に何があったかを予測したりとか、見えていない何かの存在を予測したりとか、そういう能力全般を知能と呼ぶことになるかと思います。その知能を工学的に実現するのが人工知能です。工学的な方法の中には、バイオ素子[*1]を使うとか、量子素子を使うとか、いろいろな可能性があるかもしれませんが、現実的には多くの場合、シリコン素子上で動作する計算機となります。

木村　なるほど。私は将棋ファンなので、将棋ソフトの発展に興味があったのですが、将棋ソフトも、将棋のルールと現在の駒の配置の情報をもとに、次にこんな手を指したらどうなるかなどと未来を予測して、もっとも勝ちに近づく手を探す。そういう人工知能だということですね。

山川　そうですね。そしていま、一般のメディアなどで注目されているのは、将棋や囲碁のソフトだったり、あるいは人間の顔の認識だったり、検索ワードに関連する情報の収集だったりと、多くの場合、人間がもつ多様な知能のうちの特定のある一つの能力に特化して開発された特化型ＡＩです。

これに対して、全脳アーキテクチャ・イニシアティブで私たちが着目しているのは、汎用型のＡＩです。将棋ソフトや囲碁のソフトは、トッププロを凌駕するまでになりましたが、当然のことながら、将棋や囲碁以外のことは一切できません。でも、人間は子どものころから学習していろいろな能力を身につけていきます。プロ棋士だって、得意不得意は多少あるにせよ、買い物や洗濯もできる。そうした多様なタスクをこなせる人工知能のことを汎用型ＡＩと言います。

木村　汎用型と特化型とは、ある程度相対的な気がするのですが、いかがでしょうか。

山川　おっしゃる通りかと思います。例えば最近、注目されているディープラーニングという技術がありますよね。数年前に「一般物体認識」を実現して、かなり話題になりました。数年前までは、「顔画像認識装置」といった、顔なら顔専門の認識技術でした。でも、最近になって、人間の目のようにさまざまな物体を認識できるディープラーニングが出てきた。パソコンでも顔でもボートでもコアラでも、学習に使えるデータさえ大量にあれば、いまは認識できるようになってきた。そういう意味では、すでに以前に比べてだいぶ汎用になっています。

自律性を獲得するために必要なこと

木村　人間の知能の特徴は、特化型か、汎用型か、というだけなんでしょうか。他にもあるのでしょうか。

山川　人間の知能の特徴としてもうひとつ、自律性があります。特に私がここで取り上げるのは、好奇心をもって世界に関する知識を広げようとするという意味での自律性です。

実用化されている人工知能は、もちろん知的な情報処理技術です。しかしあくまでも人間が主体です。例えばＡＩは人間の指示に従って膨大なデータを処理する。量的には、もはや人間には不可能な量のデータ処理を行っているけど、やはり人間の道具にすぎない。

それに対して、人間には好奇心があって、自ら「次にどういう情報をとろうかな」と考えたりする。つまり世界を知ろうとする自律性をもつわけです。ですがＡＩ自らが、「こんなことを調べたい」とか目標を見出して、データを集めて処理しはじめるということは、まだほとんどできていないのです。

木村　確かに、自分で次の研究テーマを決められなければ、研究者なんかやっていられませんね。この書籍の企画も、「トランプとＡＩについて考えてみたい」という好奇心から始まったもので、だれかに命令されてやっているわけではありません。

山川　ええ。私も含めて多くの研究者が、「汎用型ＡＩをつくりたい」と考えたのは、だれかに命令されたわけではない。人間は、こうして自主的に好奇心をもち、世界を知ろうとするわけです。現状のＡＩにおいては、こうした能力の実装は萌芽的なレベルです。

例えば簡単なＡＩであっても、やみくもにうろつくことはできますが、それは言ってみれば足掻いているような状況。世界は広いですから、有益な情報が得られそうなところに当たりをつけて調べるのでなければ、新たな発見が得られる可能性は相当に小さい。例えば、学術的な調査でも、手当たり次第に資料を集めるのは素人ですよね。面白い場所にたどり着くためには、アクセスする情報をコントロールして、得られた情報をもとに柔軟に発想して、そこからさらに、次の検討に進む。いずれ、こうしたサイクルを繰り返せる能力をもてば、人間の知能にまた一歩近づけたと言えるでしょう。
ところで汎用性と自律性は相補的な関係にあります。知能が汎用的になるためには未知の世界に知識を広げる必要があります。そして新たな知識を得るには、好奇心をもって探求すべき新しい領域を見つけて、新しい情報を得る自律性が必要です。しかしその自律性を支えるのは、未知の状況に対しても何が起こるかを推論し、情報を獲得するためのリスクを評価できる汎用的な知能です。
ただ、現状のＡＩはそのレベルには至っておらず、特定の目的に利用できる人間のツールにすぎません。

木村　人に言われたことを粛々と実現するだけの人を見ると「ロボットみたいな人」と言われてしまうわけですが、自分の好奇心からやりたいことを見つけて実現していくところに、人間らしさがあるのですね。

山川　少し付け加えますと、いまでもゲームなどの安全な環境の中で、有効な探索方法がある程度わかっていれば、自律的に世界を探索できる。例えば、インターネット上でデータを集めるクローリングの技術も、ある程度の自律性をもちますが、それは自分自身が壊れることは少ないし、データ集めに失敗したときのコストやペナルティも小さいからです。
でも、物理世界ではそうはいきません。まず、現実世界を動き回るには、それなりのエネルギーが必要です。そして向こう見ずに動き回ると、自分自身が壊れたり、迷子になったり遭難したりする。人間の知能がすごいのは、そういう危険を回避しながら、図書館に行ったり、人に会ったりして、効率的にデータや知識を集めてこられることです。

木村　そう言われてみると、私の普段の研究活動も、かなり知的な活動ですね。ましてや冒険家の方々なんて、何が起こるかわからないところへ行って、安全を確保しながらデータをもって帰るのですから、ものすごい知性が必要ですよね。

山川　「新しい情報が得られるところ」は、基本的には「知らないところ」のはずです。「知らないところ」に行くっていうことは、当然ながら危ないのです。「虎穴に入らずんば虎子を得ず」みたいなもので。

　ＡＩがそうした問題を解消できるレベルになるためには、未体験な状況においても、そこそこの予測ができるようにならないと駄目ですね。

　現状、ディープラーニングなどの機械学習技術は、うまく定義された問題において、たくさんの実例があれば、性能が出やすいのです。つまり過去の実例を見ながら、その平均的な振る舞いを選べばよいのです。もちろん、実際には、そう単純ではありませんが、いずれにしても、データがたくさんあるところではうまくいく。

　実際にわれわれが生きている世界でさまざまな課題を解いていくには、まずどういうふうに問題をとらえるかというところに難しさがあります。

ここで、われわれがどのように世界を認識しているかについて考えてみましょう。一例として「カップをつかむ」という動作を考える。ここでもし「カップをつかめるかどうかは天井の色によって変わるかもしれない」とか、「日にちによって変わるかもしれない」とか考え出したら、いつもと同じようにカップをつかむことはできない。つまり考慮する要素を増やしていくと、あらゆることは、まだ一回しか起きてない。機械学習がうまく動くためには、そういう迷いがなくなるくらい、たくさんの似たような実例で学ばせることが必要なのです。

実は人間は、無意識に、天井の色とか日時とかは無視して「これまでのカップをつかんだ経験は、今日カップをつかむときに使える」と判断している。過去に経験した回数が少なくても、そういう常識的な判断ができる。実はＡＩにとっては、こうした切り分けを見つけ出すことが難しいのです。

特に、目新しい状況においては、問題を解くために重要な要因が何であるかを切り出すことが難しくなります。それを解消するためには、既存の知識をうまく組み合わせて、なんとか「正しいかもしれなさそうな答え」を見つけ出してくる必要があるわけです。

木村　「正しいかもしれなさそうな答え」って、ずいぶんふわっとしていますね。

山川　確かにそうです。しかし自律的に新しい情報を得ようと探索する際には、そういう勘が働かないとすぐに遭難してしまいます。「大体安全そうなところを見つけていく」とか「何か得られそうなところを見つけていく」というセンスですね。そのあたりはいまのＡＩではできていなくて、今後の研究の大きなポイントになっています。

木村　法学部の論文を書くときにも通じるものを感じます。先行研究のないところで、「ここを掘り下げたら、面白い議論ができるのではないか」というのは、何とも言えない勘なのです。つまらない研究は、まさに本筋と関係ないパラメーターに引っ張られて、むやみに細かくなっていく気がします。そこをＡＩがクリアしてくれたら、人間の研究能力も向上するのではないかと期待してしまいます。

図表1　Artificial Intelligence と Machine Learning と Artificial Neural Networks と Deep Learning の違い

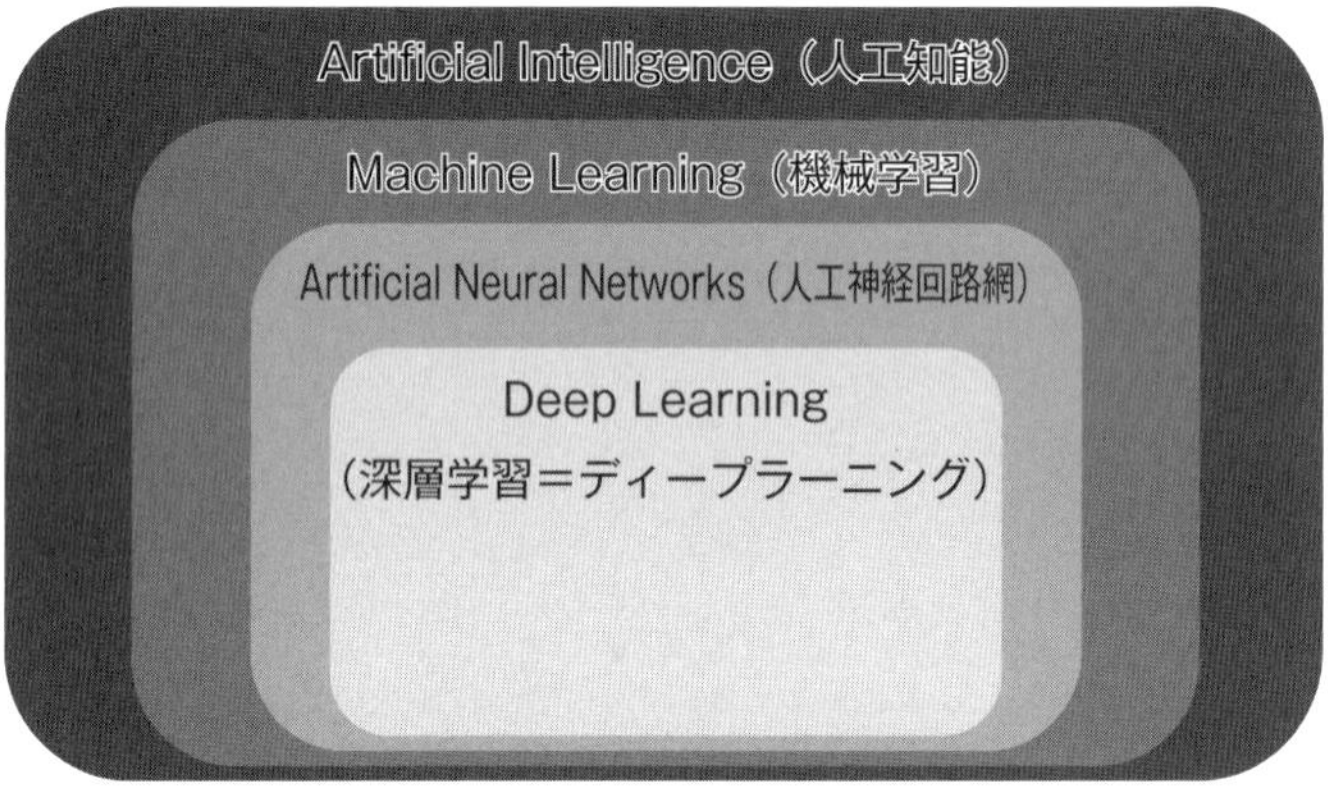

2　ＡＩとディープラーニング

モデルは人間の脳神経回路

木村　山川さんが目指す汎用型ＡＩの姿が少し具体的に見えたところで、もう少し初歩的な話も伺いたいと思います。最近のＡＩの本を読んだりすると、機械学習と深層学習っていうのがすごく発展したということが書いてあります。ただ、私自身も含めて、「機械学習って何？」「深層学習って何？」と戸惑っている方もたくさんいらっしゃるかと思いますので、教えていただけますか。

山川　図表1を見ていただけるとわかりやすいのですが、まずは、機械学習という広い分野があります。その中に、人工神経回路網＝アーティフィシャル・ニューラルネットワーク（ＡＮＮ）という技術があって、その中の一つに、深層学習＝ディープラーニングがあるのです。

ＡＮＮの技術は、もともと人間の神経回路をモデルに進んできたので、神経細胞みたいな絵で説明されています。何らかの情報を得て、それを処理し、出力するわけですね。子どもが日々の訓練で、細かい手作業ができるようになったり、計算が早く正確にできるようになったりするときには、神経細胞において必要な部分の結合が強まることで、適切な情報処理の能力が上がっています。これと似たことが工学的なニューラルネットワークでも起こります。このＡＮＮを多層化したもの、つまり浅い層から深い層までたくさんの層を結合して何かを学習させるのがディープラーニングです。ディープラーニングという技術が近年は飛躍的に成長しているということなのです。

「ネコ」を認識するためには何が必要か

木村　先ほど、特化型ＡＩと汎用型ＡＩとが相対化してきている例として、一般物体認識ができるようになったとおっしゃっていました。「人間の顔」とか「ネコ」といった特定のモノを認識できるようにするのは、学習の前に、「顔」や「ネコ」といった概念を人間が与えていたわけですよね。一般物体認識の場合には、もともとの概念、例えば「パソコン」

や「ボート」などのもともとの概念は人間が与えるのですか。

山川　その基盤となる概念を、自動的に獲得できるようになったというところが、現在のディープラーニングの大きな成果なのです。

木村　人間が、「『パソコン』っていうのがあるんだよ」と教えなくてもいいのですか。

山川　最後のステップで「パソコン」というラベルとの関連づけは教えてあげる必要がありま す。その前に基盤となる概念を獲得できているということです。人間の赤ちゃんであれば、最初に話すのは、「ママ」とか非常に簡単で、1歳くらいのころまでは生活に密着したわずかな語の発話に限られます。そこからしばらくして、1歳半から2歳になるあたりのところで、「ネコ」って言うと、一回で覚える時期が来る。その時期には、1日に10個ぐらいずつ、新しい単語をどんどん、どんどん、覚えていく。

なんでそんなに急激に覚えられるかっていうと、「これはネコだよ」って言われたときに、「ネコみたいなもの」の概念を子どもはすでにもっているわけですよ。ふさふさしていて、ひげがあって、足が4本で、みたいな概念のかたまりをすでに身につけているところに、「ネコ」というラベルを貼っているだけだから、一回聞くだけで覚えられるのです。もしも「ネコみたいなもの」とか「石みたいなもの」といった概念をゼロからつくりはじめていたら、一度聞いただけでは何を指しているのかわかりません。

ディープラーニングは何ができるようになったかというと、まさに1歳ぐらいの子がやっているように、いろいろなモノを個別の「概念」として取り出すことができるようになった。概念が取り出せるようになりさえすれば、すでに、「キャット」と呼ぶか、「ネコ」と呼ぶかはラベルづけの問題になっていて、比較的簡単な対応づけの課題になっているのです。

木村　さまざまな画像から、物体のグループをつくることができるのですね。

山川　そうですね。そうした物体やその部品についての概念とか表象と呼ばれるものです。大量にデータを見せれば、いろいろなものに対する概念を自動的に獲得できるようになった。これが、ＡＩ技術においてディープラーニングという機械学習がもたらした画期的な進歩です。

木村　そこまでできるようになっているんですね。ただ、ディープラーニングは、機械学習という大きな分野の中の一つの技術である人工神経回路網の中の一つの技術にすぎない。ということは、一般のメディアでは伝えきれない機械学習がいっぱいある。さらには、ＡＩ研究の対象には、機械学習以外の分野もあるということですね。

山川　そうですね。確かに、ＡＩというと、「囲碁でプロに勝った」とか、ディープラーニングの成果の話が一般の報道には多いですね。しかし、私に言わせてもらうと、機械学習は車でいえばエンジンみたいなもので、車全体がＡＩみたいなものに相当します。ですからディープラーニングのおかげで、エンジン性能が著しく上がってきた、という状況です。でも、ＡＩ研究は、車全体の研究ですから、ディープラーニングばかりやっているわけではないのです。

なぜ、非常に部分的な技術であるはずの機械学習が、ＡＩそのものであるかのように感じられてしまうのかというと、最近になってその分野での成果が圧倒的に増えて目立つからです。機械学習はもともとデータを説明する統計解析の分野から発展した側面があります。例えば、線形分離だったら、「クジラと魚の特徴を見比べて区別のための境界線を引きましょう」みたいなことをやっていた。でも、ディープラーニングのような機械学習になると予測的な機能が重視され、画像認識ができるとか、音声認識ができるとか、さらには運動制御などができるようになってきた。

ニューラルネットワークの例でいうと、初期の１９６０年ごろは、２層構造しか動かなかった。そして25年前ぐらい、１９９０年ごろにＭＬＰ[*2]（Multi-Layer Perceptron）といって、３層建てになった。それによって解ける問題の範囲が広がり、一世を風靡したのです。ちなみに、ディープラーニングが広まった２０１２年ぐらい以降は、10層くらいは普通で、時に１００層とかになったわけですね。２層から３層になるのに数十年を要したのに、ここに来て一気にジャンプした。

そうすると、「クジラと魚の区別」といった簡単なレベルではなく、多くの物体を識別できるレベルになってくる。こうして機能が充実してきたので、パーツとはいえ、「エンジンの中のねじ1個」みたいなものではなく、「エンジンそのもの」ぐらいの感じになったわけです。

パーツがあっても設計図がなければ完成しない

木村　エンジンの開発にゴールが見えてきたということですね。となると、車の完成に次に必要なのは、タイヤをつくって、ハンドルをつくって、シートをつくって、シャシーをつくって、さらにそれを組み立てないといけないということですか。

山川　言ってみれば、機械学習は自ら機能を獲得する部品なので、エンジンだけではなくて、ハンドルとかタイヤとかを含むいろいろな部品に使われるようなかたちになります。多くの個別のパーツが開発されて、出揃ってくるのは時間の問題かと思います。

ただ、そうしたパーツを車として組み上げるには、車全体の設計図が必要です。エンジンやタイヤが個別に揃っただけでは、車になりません。こうした知能の設計図を、われわれは「認知アーキテクチャ」と呼んでいます。

人間のようにひとまとまりの実体をもつ人工知能をつくるためには、この認知アーキテクチャが非常に大事です。人間がツールとして使うのであれば、エンジンのような部品をもってきて、人間がうまく使いこなせばいい。でも、ＡＩ自体が自分で動くためには、車のようにシステムの中に部品を１セット揃える必要があります。心臓は人間にとって重要な機関だけれど、心臓だけあっても人間ではないですね。やはり、必要なパーツが適切な場所にあって、それがうまくつながれた状況をつくらなければ、ですね。

木村　アーキテクチャの開発は、いきなりまったく新しいものが発見される、みたいな感じで生まれるものなのでしょうか。

山川　たぶん違う感じではないかと思います。車の発展を振り返ると、馬車がまずあって、その動力源として馬の代わりにエンジンを載せるかたちで発展しました。

ＡＩの場合も、既存の技術をかけ合わせるかたちで進んでいくだろうと思います。例えば、お掃除ロボットのルンバみたいなものをベースのアーキテクチャとして、そこに新しい機械学習を載せていって、アーキテクチャ自体も徐々に洗練していく。いまは、そういう時期に来ていると思います。

そうしたアーキテクチャができれば、汎用的なＡＩというのも実現が近づくでしょう。車で使っていたエンジン技術が、飛行機にも船にも応用できるように、汎用型のＡＩも横展開が可能だと思います。ここまでＡＩを車にたとえたので少し混乱するかもしれませんが、多くの場合に、知能を直接支えているのはソフトウェアなので、車から飛行機にハードウェアをもちこむよりも横展開は容易ではないかと思います。

こうした認知アーキテクチャにおいては、例えば１０００個の機械学習パーツの集合体になっていても、それぞれのタスクに応じて必要な10個程度のパーツをうまく組み合わせて柔軟に対応するかもしれません。人間の脳はおそらくそのようなかたちで機能を発揮していると思います。そこで、私たちは、脳に学んでＡＩをつくろうとしていて、それが「全脳アーキテクチャ」というアプローチなのです。

木村　やはり、人間の脳であることが大事なのですか。

山川　人間は、言語や複雑な概念を操作できるし、柔軟にさまざまな状況に対応できる。ですから、ＡＩの汎用性が人間レベルに追いつくまでは、それをモデルにしたいわけです。ただ、神経科学の知見はマウスやラットなどのげっ歯類に多く蓄積されているので、その手前の段階としてマウスの脳を起点にしています。

教師がいなくてもＡＩは経験から学ぶ

木村　なるほど。ちなみに、人間の神経細胞を計算機で再現するっていうのが、どうしても実

図表2　髄鞘をもつ神経細胞の構造図

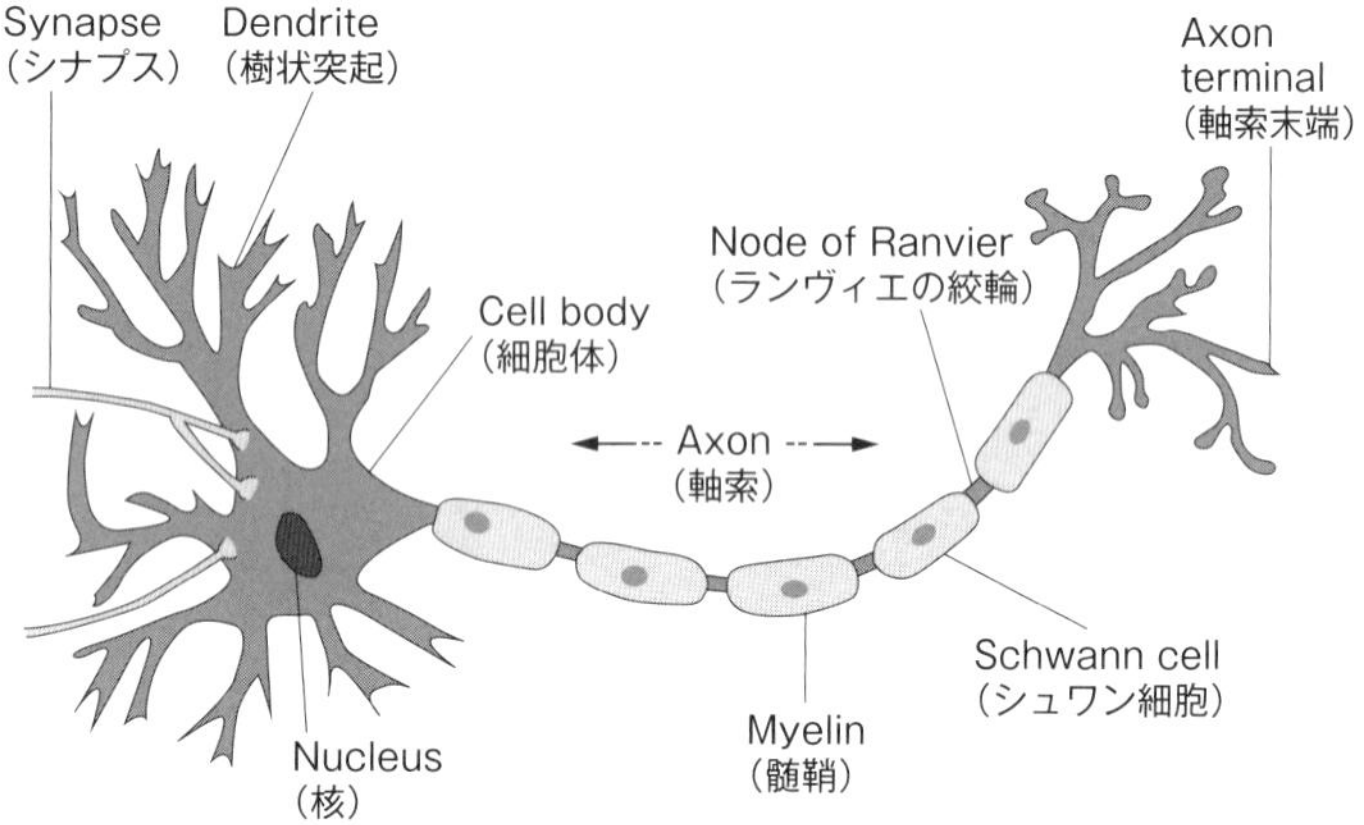

感がわきません。「神経細胞をモデルにしています」と言われれば、「そうですか」としか言いようがないのですが、具体的にはどうやって数式化しているのでしょうか。

山川　生物の神経は図表2のようになっていて、ぐにょぐにょと突起がいっぱい出た樹状突起というところで情報を受け取って、細胞体で情報を集約している。その結果を軸索を通過して、シナプス[*3]から情報を送り出し、他の神経細胞に情報を伝達してきています。こういうニューロンが、ネットワークを形成して、いろいろなところから張りめぐらされているのですね。単純化すると、あっちこっちにピョンピョン跳ね出している樹状突起は、いろいろな情報を受け取るのですけれども、ニューロンから出てくる信号線は1本しかないのです。だから、多入力一出

図表３　シグモイド関数

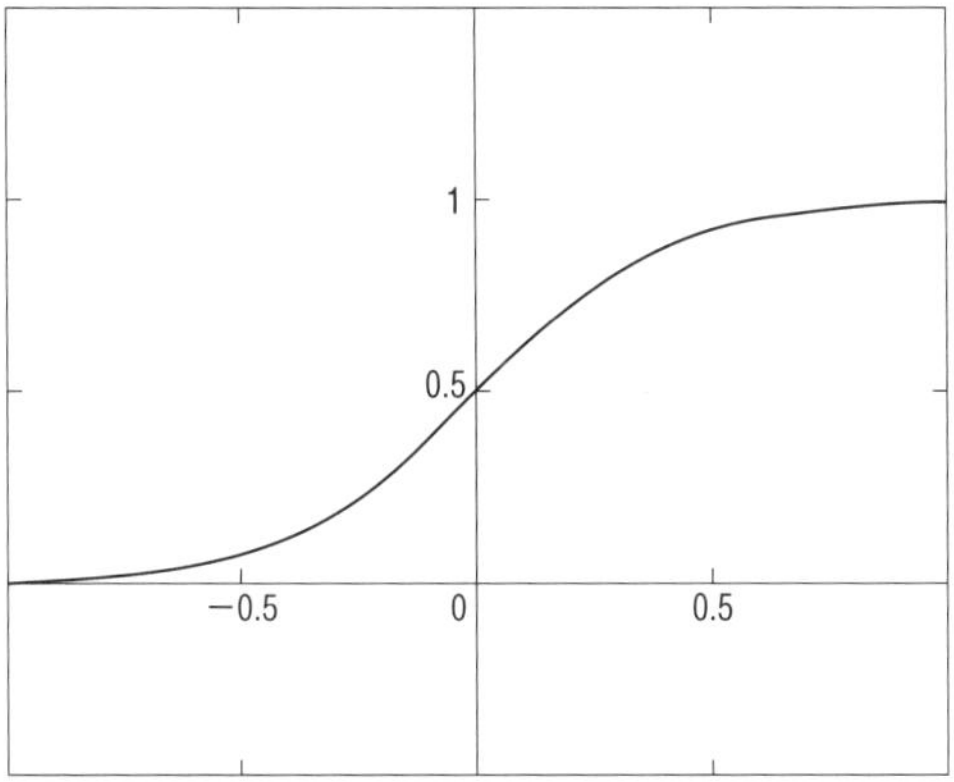

力。

木村　へぇ、多入力一出力なのですか。確かに、私が研究するときも、たくさん読んだ中から、重要な情報だけを選択して、新しい論文を書きますね。

山川　そこの何が重要で、何が重要でないかを判断していくために重みづけをします。その後にシ[*4]グモイド関数（図表３）などの非線形関数を使います。数式で書くと、

$$y = f\left(\sum_{i=1}^{n} x_i w_i - \theta\right)$$

となります。つまり、さまざまなところから得た入力x_iを重みw_iで足し合わせてそこからθという値を引いたものに、図表3のシグモイド関数を通した値がyです。そのyの値を次に伝えていくのです。詳しく知りたい方は、専門書を読んでいただければと思うのですが、入力され

た情報に対して、重みをつけて出力するのです。単純なニューラルネットワークは、これを何層も重ねたものです。

木村 その計算結果の積み重ねで画像認識をするというのは、どういうことなんでしょう。

山川 大量の画像を見させて学習させる。すると多層化されたニューラルネットワークの深い層において、特定のパターンに反応するニューロンが出てきやすくなります。例えば、ニューロンが１００個あったとすると、そのうちの３個ぐらいはネコにすごくよく反応する性質をもつようになる。あるいは、色に反応する性質をもつニューロンとか、いろんなタイプのニューロンが現れてくるのです。見せられたデータの中に、ネコの画像がたくさんあると、ネコに反応するニューロンが出てきやすくなるわけです。

木村 何となく、民主主義で正解を探すプロセスに似ている気がしてきました。何らかの問題が与えられたときに、経済に強い人とか、法律に強い人とか、国際関係に強い人とか、現場の情報に強い人とか、いろいろな性格の人がいて、その人たちがそれぞれの考えた結論を小さなグループで議論する。そのグループの結論を、さらに大きなグループで議論して、最終的に最適な解を見つけていくみたいなイメージです。

山川 それは示唆に富んだたとえですね。半分は似ていて半分違うような感じです。確かに部分的な特徴に着目して、それを次第に統合していくという面は、そのたとえに似ています。

しかしながらニューロンの階層的な構造の詳細は、学習で獲得されていて、必ずしも人間が理解できるものではなく、そこは違いかもしれません。

木村　ちなみに、ディープラーニングが学習で変化するのはどこの部分なのですか。

山川　fという関数自体は変わらないのですけれど、値を加算するときの重みw_iの値が変わってくるのです。

木村　重みづけの評価値をどんどん自分で変えていくと。

山川　そうですね。はじめは、ランダムな数値だったものが正しくなるようにぎゅっと変えていく。重みを修正していくには、バックプロパゲーション[*5]という有名なアルゴリズムがあるのです。情報が伝わる経路上の重みを、間違いを減らすように修正するアルゴリズムです。

木村　間違っているかどうかは、人間がチェックするのですか。

山川　「教師あり学習」と言われる方法では、通常は事前に準備した正解のデータを用いてチェックする。もちろん人間がその正解をつくってもよい。一方で、そうした正解を準備せずに修正していく「教師なし学習」の方法もあります。

木村　間違っているというのは、ざっくり言うとどういうことなのですか。

山川　人間がチェックするような教師ありの学習では、人間の期待に応えているかです。人間がネコだと思っているものを見せたときに、「ネコです」と答えるかどうか。
これに対して、人間がチェックしない教師なしの学習では、ごく簡単に言うと、意味のあるデータに圧縮されているかどうかですね。例えば視覚情報では、大量のデータの中から意味づけできない情報を扱わないようにしていくような処理を脳がやっているわけです。

木村 ああ、確かに、聴覚障害のある方が補聴器をつけて何がつらいって、雑音と会話が区別なく入ってくることだって聞いたことがあります。あれは、脳が必要な情報だけをセレクトしてくれているのですね。それを「教師なし学習」でも再現しているということですか。
残念ながら、技術的には何をやっているのか正直よくわからないのですが、なんとなくイメージはつかめた気がします。私のようなずぶの素人のために説明してくださって、ありがとうございました。

3　生き残りと成長のための戦略

生き残るための「報酬」と「好奇心」

木村　このあたりで、次の話題に移りたいのですけれども、シンポジウムで非常に面白い概念だったのが、「セルフ・デリュージョン」のお話です。直訳すると「自己欺瞞」、自分で妄想しちゃうというような意味になりますかね。

山川　そうですね。ここで言うデリュージョンは報酬系（reward system）の話です。報酬系というのは、自分の欲求が実現したとき、あるいは実現するとわかったときに、快感を与える神経系のことです。セルフ・デリュージョンとは、自分で自分をだますように報酬（reward）を与える状態、「自分で自分に麻薬をうてばずうっと楽しい」みたいな状態のことを言っています。

動物に報酬系が存在する理由は、環境に上手に適応した行動を行っているか否かを現に評価するためかと思います。生物として生き残るためには、ご飯を食べなきゃいけないとか、水を飲まなきゃいけないとか、暖かいところに行かなきゃいけないということがある。

そういった部分は、遺伝子の中に、物事の良し悪しの評価が組み込まれている。つまり生物には、個体として生存し、さらには種として存続するようにコントロールする基本的な価値評価の仕組みが必要なのです。

ここで個体や種の存続について考えると、快適さを追求するだけではうまくいかない。それとは別に、世界についてよくわかっている個体のほうが有利だという面があります。だから、「好奇心」と呼ばれるようなものも人間の基本的な価値関数に組み込まれているわけですね。例えば「いままで知らなかった現象を探ろう」とか「未開の地まで探検しよう」みたいなことです。こうして世界についてより知識を広げることで、未来についてのさまざまな予測能力が向上して、さまざまなリスクにも対処できるようになる。

もちろん目新しいことを試したところで、すぐにメリットが得られるとは限らないですし、むしろ、けがをしたり、無駄足に終わったりするリスクも大きい。けれども、そういうリスクをとったほうが、長期的に集団としては新しい知識が得られて快適になる。実際のところ、現代人の快適な生活は、先人の科学者などが発揮した自律的な知識獲得があってこそ成立しているわけですね。

木村 だから、私の無茶ぶりなシンポジウムにも、お忙しい中、ご参加くださると。

山川 言われてみれば、その通りだったような気がします。それで書籍出版にも繋がった。

さて、「報酬」と「好奇心」という二つのファクターは、「生き残る」という究極の目標では共通しているのですが、方向性はかなり異なっています。仮に直近の報酬のみに支配されている場合、つまり「食べて、眠っていられれば、それで満足」といった場合ですと、自分で自分をだますように報酬を与えるセルフ・デリュージョンに陥りやすいでしょう。他方で「世界をもっと理解したい」という好奇心に重きを置いて設計すれば、セルフ・デリュージョンの罠から離れられそうですね。

木村　好奇心がある個体のほうが有利だというのはすごく腑に落ちるのです。でも、それをAIに組み込むというのは、どうやったらできるのでしょうか。

山川　行動したことによって、これまでの経験から予測したものと違うことが起こるとサプライズが起きます。好奇心を埋め込むというのは、サプライズが生じやすい行動を選択する傾向を埋め込むのです。とはいえサプライズが生じるかどうかは、実際に行動してみないとわからない。だから、人間の場合だったら、あまり行ったことのないところに行ってみるとか、何か違うことが起こりそうな行動をしてみる。

自分を客観視することで危険を回避する

山川　だからといって、あまりに無鉄砲な振る舞いをすると自滅するリスクが高い。だから「ぎりぎり危なくない程度で、なおかつ、新しいことをやる」という見極めが重要な能力となる。そして、こうした未知状況についての予測能力として、先ほどお話しした知能の汎用性が重要になってくるのです。

木村 なるほど。予測とのずれだったら、確かに数学的に表現できそうですね。

山川 そうですね。既存のモデルから予測して、それと実体験のずれとして計算可能です。これまでは「こういう世界だろう」と描いていたものが、新しいことをやってみたら少し違う世界だったとわかったというときに、そのずれを計算することで、サプライズを表現できる。

AIに好奇心を組み込むためには、サプライズが起きやすいように行動をコントロールしていくような、メタなコントロールが必要になります。

ちなみに、メタコントロールというのも、AI研究の重要な切り口の一つ。自分自身がやっていることを認識して、それ自体を変えていくというような機能です。こうした機能の重要性は以前から指摘されていますが、なかなか難しかった。しかしここ1年ぐらいで、ディープラーニング周辺の学術コミュニティでも研究が進みはじめています。いずれ知識探索に関わる自律性のメカニズムも作られていくと期待しています。

木村 メタコントロールというのは、自分自身を客観的に見るということですか。

山川　そうですね。典型的には、自分がいま行っている作業を一段上のレベルから見て、コントロールするような仕組みになります。

木村　普段あまり意識しないのですが、人間はかなり上のレベルから自分自身をコントロールできているってことですか。

山川　いろいろなレベルがあるかと思いますが、それなりにできるでしょう。私たちは常に目の前のことだけに拘泥しているのではありません。例えば年始に今年の抱負を表明する場合を考えてみましょう。この際には、自分の昨年について振り返り、どう方針転換して、これからどんな課題に注力するか、というように考えると思います。

木村　なるほど。お話を伺っていると、人間も同じところでつまずくことがあるのではないかという気がしてきました。例えば、ブラック企業で心身ともに追い詰められている人って、本来であれば、その会社から離れて、新たな環境を探すほかにないのに、「会社を辞める」という選択肢が見えなくなってしまうらしいのです。人間も、メタコントロールの能力を訓練によって身につけていかないといけないかもしれない。

子どものAIはどうやって成長するのか

木村　AIの成長のしかたって、人間が赤ちゃんから大人になっていく成長の過程に意外と似ている気がするのですけれど、いかがですか。

山川　私からすると、逆に、木村さんが何を見て、そう思ったのかが気になります。

木村　子どもを育てているからですかね。それこそ、山川さんがおっしゃっていたように、最初の言葉が出るまでは1年とか2年と長くかかるのに、ある日突然、言葉が増えてくる。それは、坂道をゆっくり上るというよりは、階段状でした。

ピアノでも、しばらくレッスンを続けているうちに、ある日ふと、五線譜に書かれた音符と鍵盤の関係が結びついて、急に自分で譜読みできるようになった日があるのです。そこを越えてからは、曲の難易度が上がっても、スムーズにレベルアップしていける。ゼロを1にするのはすごく大変なんだけれど、1から2に、2から3にするのは、案外簡単だった、という感覚は、子育てをしていると感じます。

そういう意味で、ディープラーニングの仕組みというのは、感覚的にはすごくよくわかるのです。ともかく経験が先行していて、経験を積み重ねるうちに、ふと概念をつかむときがきて、あとはどんどん応用が利くようになっていく。ただ、それをコンピュータで処理できる数式としてどう表現しているのかは、どうにも実感がわかないのですけれども。

山川　先日のシンポジウムで、私からは、大人のＡＩと子どものＡＩの話をしましたよね。一方で、大人のＡＩは、大人になるとできる計画などの言葉で表出できる能力に関わります。大子どものＡＩは、モノが見えるようになったり、モノをつかめるようになったりというようなことで、子どもの間に発達してくる能力に関わります。大人のＡＩは、一つひとつの振る舞いを言語化してプログラムすることで実現されてきたのだけれど、子どものＡＩのほうは、そういう方法ではうまくいかなかった。数年前から、大量のデータを用いて子どものもつ知識を学習させる技術が進展したことで、子どものＡＩの開発が進むようになった。

子どもの知能発達は、定型的な段階性をもつと考えられています。まずはじめは、やみくもに動く。そこからだんだん、「自分がこう手を動かすと鼻に触れる」みたいな感じで、自分の身体がどう動くのかがわかってくる。さらにそこから進歩してくると、今度は、自分と外界との関係がわかってくる。子どものおもちゃっていろいろ工夫されていますけど、叩くと音が出るとか、なめるとこんな感触がするとか、そういうことを学んでいく。さらにその先に行くと、今度は、モノとモノとの関係に興味がいくようになる。ビリヤードのように、モノがモノに当たるとどうなるか、みたいな感じです。つまり、最初は自分自身について認識することを学ぶのですが、次第に自分から離れた世界に向けて認識できる概念の範囲を広げていくわけです。先ほど、ネコの概念に対するラベルづけの話をしましたが、子どもにおいても、外界のさまざまなモノに対してすでに概念が脳内にできていれば、そこにラベルをつけることは比較的簡単です。

最近のディープラーニングの成功によってＡＩはさまざまなモノを学習によって認識できるようになった。自身の目で見て耳で聞くことができれば、ＡＩも子どものように発達していける。そして子どもが物理世界を直観的に理解するのと同じことをＡＩで再現するような研究も始まったわけです。

木村　ＡＩの開発が、子育てみたいになってきているのですね。

山川　最近のディープラーニングの成功より以前では、大人のＡＩの方法論から子どもの発達を理解しようとしていた状況であったので技術的に苦しかった。

ディープラーニングのおかげで子どものＡＩ研究は、下から順番にレンガを積んでいるような状態になっている。ですからここ数年の努力で、生後６カ月ぐらいのところまで着実に成長してきていると思います。これを続けていって、２歳、３歳ぐらいまで来ると、大人のＡＩともしっかりとつながりはじめ、人間レベルのＡＩの完成に急速に近づくのではないかと思います。

木村　なるほど。ＡＩの成長が楽しみですね。

人間の子どもはいつ抽象化思考を手に入れたのか

木村　私は社会科学の人間なので、「ＡＩ研究を人間に応用できないか」とついつい考えてしまいます。例えば、セルフ・デリュージョンにとらわれたＡＩには、好奇心を組み込めば改善されるのだとしたら、依存症の患者にも、世界への好奇心をもてるように導くことで、依存症から回復できる、みたいな感じで応用できるのではないかと考えてしまうのですね。

ＡＩの成長のしかたが人間の赤ちゃんの成長のしかたに似ているとすると、「ＡＩにとって習得が難しい能力は、人間にとっても難しいのではないか」、あるいは「ＡＩがやりがちな失敗は、人間がやりがちな失敗でもあるのではないか」と思うのですが、いかがでしょうか。

山川　それはやはりある程度似ていると思います、特に脳型のＡＩの場合はその傾向が強くなるでしょう。ただ、人間の子どもであれば、多くの「失敗」は、「成長過程だから大目に見よう」ってことになる。例えば、話しはじめたばかりの子どもって、何を見ても「ブーブー」だったりする。これは明らかに失敗していますよね。オーガニゼーション（系統的な整理）ができていない。だけど、子どもだから大目に見てもらえる（笑）。でも、それがＡＩだったら、「ああ、失敗してる」と、厳しく見てしまいますね。子どものＡＩ研究では、「ただいま発達中」という表示をつけたほうがよいのかもしれません。

木村　ＡＩがそういう失敗をした場合、どうやって改善するのですか。

山川　そこは、保育的な環境を想像してもらえればわかると思うのですけれど、子どもに対して、いつ、何を与えるかは、実は親がかなり調整しています。幼い子に向かって、「ここまでの話で質問は？」とか「法的権利っていうのはね」とは言い出さないでしょう（笑）。成長レベルに応じて、段階的にステップアップしていくはずです。

機械学習においては、カリキュラムラーニングという考え方があります。複雑な概念を理解できるようになるには、段階的に概念を積み重ねていかないと無理です。こうした積み重ねの途中でこけちゃうと、そのあとには進めないのは、おそらく人間と同様かと思います。

つまり眼前のデータから直接的に学習できる単純な概念よりも先にある複雑な概念を理解するには、段階的な教育がないと無理です。数字を学ぶ場合を考えると、人間の子どもは、1、2、3、4、5、6、7、8、9、10までひとまず覚えてから、「11」「12」「13」あたりまで進むと「20」まですんなりいける。そして、「21って、20に1を足すやつでしょう」みたいな感じで、それ以上の大きな数も、子どもながらになんとなくわかる。でも、チンパンジーなんかの場合、「数を数えられる」といっても、「12」と「13」はまったく違う記号として、「13」と「14」もまったく違う記号として理解しているので、１００とか１０００とかの大きな数に概念を拡張できないという話を聞いたことがあります。

木村　抽象化できないっていうことですか。

山川　そのあたりが、人間とチンパンジーの一線を画しています。人間がどうやってそういう概念を獲得していっているのかは、まだ謎です。ディープラーニングは子どもが発達するように発達してきているので、そのあたりはＡＩにおいても、今後トライされてくる面白い課題ではないかと思いますね。

木村　なるほど。ＡＩは抽象化能力をもっているのですか。それともチンパンジーのように、21は21として理解しているのですか。

山川　ＡＩを実装する仕組みは一つではないので、一概には語れません。少なくとも、いまディープラーニングから発展しているタイプのＡＩについては、現状扱える数の概念は、チンパンジーのレベルにも到達していないと思います、まだまだこれからといったあたりかと思います。

木村　確かに、先ほど「生後６カ月ぐらい」だとおっしゃっていましたね。数がきちんと数えられるようになるのは、早くて３歳ぐらいですか。

山川　そうですね。大きな数をきちんと理解するのは、もっと大きくなってからだと思います。

今後の進むべき方向は、ディープラーニングのように学習によって世界を認識し、なおかつ大人のＡＩのように抽象化やメタな認識ができるＡＩかと思います。

以前から古典的なＡＩにおいても、メタな操作を実現するＡＩの研究例はある程度存在します。ただしその場合に扱われる知識は、人間によってつくりこまれており、学習で獲得したものではありません。となるとやはり、今後はそれぞれに進歩してきた大人のＡＩと子どものＡＩをつなげていくことが課題になります。これができれば、汎用性にぐっと近づくはずなのですけれど、やはりそこは難しい。

そもそも、ディープラーニングで積み上げてきたものに大人のＡＩを組み込んだほうがいいのか、それとも、ディープラーニングの積み重ねで抽象化やメタにとらえる能力を獲得させたほうがいいのか、そこもまだわかっていません。

4　言葉と論理的推論

ＡＩに常識を求めてはいけない

木村　言葉の理解についても、少し伺いたいと思います。私は「月刊文藝春秋」２０１７年６月号（文藝春秋）の企画で、新井紀子・国立情報学研究所教授（第１部第２章参照）にお話を伺ったことがあるのです。新井さんは、東大に合格できるＡＩをつくろうという東ロボくんプロジェクトで有名な研究者です。その新井さんが、こんなことをおっしゃっていました。（ｉＰｈｏｎｅなどに搭載された）Ｓｉｒｉは言葉を理解していないから、「おいしいイタリアンのお店」と言ったときにも、「おいしくないイタリアンのお店」と言ったときにも、「おいしいイタリアン以外のお店」って言ったときにも、全部同じお店が出てきちゃう。つまり、「イタリアン」っていう言葉とよく一緒に出てくるお店を探すことはできても、「おいしい」「おいしくない」や「以外」の部分を理解できないと。

山川　否定表現が難しいというのは、かなり重要なポイントだと思います。なぜ難しいかというと、子どものＡＩを担う機械学習は例から学ぶことができますが、その際に、存在しな

提供：TVBS/ZUMA Press/アフロ

いものを捉えることは難しい。ですから、ここでも子どものＡＩと大人のＡＩのある種の結びつきが必要かと思います。

あと国語力全般が弱い理由として、言語表現の背景にあるさまざまな世界観との結合がなされていないという課題が大きいでしょう。例えば、物理的な世界を常識的に理解する能力です。高校生は物理学の問題を解くとき、かすれたりした図を見ても、そこで意味されていることを解釈できます。これは例えば、「滑車は両側の重さが同じだとつりあう」というような物理的な概念があらかじめ頭に入っているから可能になる。現状のＡＩは、基本的には表層的な画像や文字を手がかりにして知的な処理を行いますが、それらが基づいているところの物理概念とはつながっていない。ですから、問題の真の意図を理解することは困難です。

別の例として、この高速道路と飛行機の写真（２１８ページ参照）を見たときに、人間だったら「この飛行機は飛んでいる」ってわかるのですけれど、ＡＩは、「この飛行機は道路に止まっている」と答えるのです。道路との関係から、飛行機が道路上にいないことを理解できない。ここでもやはり常識がないわけですね。

物理学の問題の意図を読み取るための常識をどうすれば身につけられるのか。繰り返しになりますが、やはり子どもが発達するように、物理的な環境の中での経験を積み、外界のセンサデータからの学習に基づいて知識を積み上げていかないと難しいと思います。

木村　コップをテーブルに置くとか、ぶつかるとコップが倒れるとか、ジュースがこぼれるとか、床に落ちたらコップが割れるとか、そういう経験を積むのですね。

山川　そうですね。もちろん、物理的な経験のより進んだ段階でも経験を積まなければいけないことはたくさんあります。感情を理解したりとか、木村さんが専門の権利とか自由みたいな概念を理解したりなどもありますね。実は１９８０年代の第5世代コンピュータにおいては、法的な推論は一つのテーマでした。法律の分野は、定義の明確化された言葉で書かれた部分が多いからでしょうか、従来のＡＩでも対応しやすい部分が多かったのかもしれません。

木村　そういえば、将来、ＡＩで代替される部門として、法律分野はかなりＡＩでいけるのではないかという話を聞いたことがあります。確かに、他の社会科学系の分野に比べても、法学は定義が明確ですから、同じ課題を与えられたときに、全員が同じ結論に到達しやすい。もっと言えば、そもそも法律って、価値観のまったく違う人や、異文化の人とでも、法律に照らせば同じ落としどころになることを目指していますから、人間の常識を共有していないＡＩにも理解しやすいのかもしれないですね。

言語化できるものはプログラミングできるのか

木村　ちなみに、私の性《さが》として、ちょっとしつこいようですが改めてお聞きしたいのですけれども、大人のＡＩと子どものＡＩって、言葉で定義するとどうなるんでしょうか。

山川　大人のＡＩは、言葉によって記述できるＡＩということになるでしょうね。「レポータブル」と言ってもよいかもしれません。言葉で表現できるならば、それはプログラムに落とし込める可能性があります。

木村　例えば、将棋ソフトだと、「銀がここにあるときは、必ず角でとりなさい」っていう記述をして、そのとおりの動作をするようにプログラミングするのが大人のＡＩということですか。

山川　そういうことになります。他方で、子どものＡＩの特徴はレポータブルでないということです。いまの将棋の例でいうなら、「何でここでこう動かしたんだ？」って言われて、「そういうものだ」と答えるしかない直観的な知識です。

木村　なるほど。言語をネイティブに話すか、大きくなってから学校で学ぶかも、そういう違いがありますね。中学校で英文法を学ぶのがプログラムで、その通りにやれば英作文が完成するはず、みたいな。

　そういえば、私は小学生の娘に将棋を教える一方で、大学生の初心者にも将棋を教える授業をやっていますけれど、子どもと大人は、学び方が違うのです。大人には、「この局面では、この駒が働くかが大事なので、こう指しましょう」みたいにやっていきますが、子どもはともかくたくさん指して覚えていく。

山川　コンピュータ囲碁では、ディープラーニングを取り入れたソフトが進歩して、すでにトップ棋士を凌駕しています。これに関して思い出すことがあります。10年ほど前になると思いますが、電気通信大学の「エンターテイメントと認知科学研究ステーション」の伊藤毅志助教らは、将棋棋士の経験的知識を取り出してプログラムとして記述するＫＩＤＳ(Knowledge Intuitive Description System) プロジェクトを進めていました。当時お聞きした話では、棋士の知識をプログラム化しようとすると、棋士ごとに書き方にかなり違いがでるようでした。またそれぞれの棋士が「ここが原因で弱いのだろう」と改良を進めると、プログラムが次第に複雑化し、理解しがたくなっていくようでした。いま思えば、この試みは知識を言葉で記述するアプローチの限界を端的に表していたのかもしれません。

結局のところ、そうした知識はプログラム言語では書ききれなかった。しかし機械学習を用いたら、データから学習してプロを超えた。もしかすると、気の遠くなるような長い時間をかけて知識をプログラムとして埋め込めば、そのプログラムは機械学習による学習結果に近づいていくのかもしれません。もしそうだとしたら、機械学習が獲得した知識は人が見ても理解できないのは当然なのかもしれません。

木村　将棋のプロ棋士ぐらいに複雑な思考をしていると、どうしてその手を選んだのかは、もはやわからないということですね。

山川　直観的な知識は経験から得られたカンなので、「どうして、ここで、この手を指すのですか」と聞かれても、自分でも説明しきれないのだろうと思います。

木村　確かに、将棋のタイトル戦の解説を見ていても、大事な手に限って「プロの第一勘では、この手です」ってことが多いですね。一方で、その手を選んだ理由はわからなくても、「この手を指すと、この後、こういう展開になって、よさそうでしょう」という説明は、とてもクリアなのですけれど。

山川　おっしゃる通りで、「この手を指したら、この後どうなるか」という読みの連なりは、明確ですし、明らかにプログラムできますからね。

こうしたプランニング＝計画の能力は典型的な大人のＡＩですね。例えば、「これから京都駅に行こう」と思ったときに、「いま自分がいるのは東京都だから、東京駅からのぞみに乗れば京都駅に着ける」、「いまいるところから東京駅に行くには、最寄り駅から山手線に乗れば着ける」、「最寄り駅には、この道を歩けばいい」みたいなプロセスです。これはいま言ったとおり、言語で表現できるから、大人のＡＩの得意分野だということです。

木村　確かに、目標が決まっていれば、それに向かう道筋は、きっちり説明できそうですね。

帰納的な人間と演繹的なＡＩ

山川　ところで推論は３種類に分けられると言われています。「インダクション＝帰納的推論」「ディダクション＝演繹的推論」「アブダクション＝仮説的推論」の３種類です。アブダクションは置いておくとしましょう。インダクション＝帰納的推論は、データがたくさんあったときに、そこの中にあるルールを見つけ出しましょうという話なので、機械学習は基本的にここに含まれます。これに対して、ディダクション＝演繹的推論の代表例は三段論法、「ＡならばＢ（大前提）」、「ＣはＡである（小前提）」、「よってＣはＢである（結論）」ですが、この推論では新たな知識が増えているわけではない。むしろ知識を組み合わせて、活用していることになります。

優れたＡＩをつくるためには、経験から「知識を取り出す能力」である子どものＡＩの能力と、得られた「知識を活用する能力」である大人のＡＩの能力の両方を組み合わせることが必要です。まだ現状では、子どものＡＩと大人のＡＩとが別々に研究されている段階で、それを組み合わせることに成功していないのです。

木村　なるほど。法律論は、基本的に「この条件を充たしたら、この法律を適用します」というディダクション＝演繹的推論の積み重ねでできるものなので、大人のＡＩによって代替しやすい、という面があるのですね。もっと言えば、そもそも法律の条文って、人間が直観的にもっているルールを言語化したもので、まさにプログラムなのですよね。

ところで、人間はインダクション＝帰納的推論とディダクション＝演繹的推論と、どちらが得意なのですか。

山川　人間は断然、インダクション＝帰納的推論のほうが得意です。人間は、きちんとトレーニングしない限りは、大きな計画を立てたり、将棋で何手も先まで読んだりすることはできません。スピード面でも、将棋や囲碁の読み（ディダクションに対応）では、コンピュータは1秒間に何十億手とか読むけれど、人間の場合、たとえプロでも、1秒間に数手から十手程度しか読めない。プロが優れているのは、直観的なインダクションの部分であって、ディダクションに相当する読みではありません。
　イヌとかネズミとかを想像してもらえればわかると思いますが、そもそも動物においては、ディダクション＝演繹的推論の能力は極めて限定的です。人以外の動物の知能は、ほとんどは経験を再利用するようなインダクション＝帰納的推論を用いています。人間においても、発達の初期段階ではまず知識を獲得するインダクション＝帰納的推論が行われ、そこで得られた知識を前提として、言葉とかをうまく活用しつつディダクション＝演繹的推論を行う。この後半の能力は人間においてプラスされたと言えるでしょう。

木村　なるほど。私は、学校内で生じる法律問題を見ていて、「法の支配」よりも「慣習」が幅を利かせてしまうのをどうしたものかと悩んでいました。例えば、「児童・生徒の保護者にPTA加入を強制するのは駄目です。それは保護者の自由権侵害です」とか「巨大組体操は、児童・生徒の生命・身体の安全を確保できない限りやってはいけません。やれば、安全配慮義務違反です」と言っても、「これまでずっとそうやってきたから、それでいいではないか」という反論がやたらと根強い。ともかくこれまでの慣習を守るのが最優先で、学校の問題に法律論をもちだすことそのものへの感情的反発を感じます。
　それは、ディダクション＝演繹的推論は、人間にとってそれほど慣れ親しんだ推論方式ではないこと、それなりに訓練しないと身につかない思考方法であることも関係がありそうですね。

山川　確かに関係しそうですね。その点、ＡＩはもともとディダクション＝演繹的推論に向いた装置だというのとは正反対ですね。

木村　なるほど。ありがとうございます。

5　人間とＡＩを隔てる壁

なぜ人々はＡＩの出現に反発するのか

木村　人間はディダクション＝演繹的推論が苦手だという話と関連するのかどうかはわからないですけれど、私の中でちょっとつながってしまったのでお聞きしたいことがあります。学校現場に法律論をもちだすと、かなりの感情的反発を受けることがあるのですが、ＡＩについても、シンギュラリティの話をすると、すごく反発なさる方がいますよね。そういうのって、どう思われますか。

山川　それは、どういった方をイメージしておられるのかが気になるのですけど（笑）。

木村　まず、将棋ファンとしては、電王戦でプロ棋士が将棋ソフトに負けたという事実を受け入れられないファンが少なからずいるのを目の当たりにしたのがきっかけですね。羽生善治竜王（注：肩書は出版時）も、将棋観戦記者の大川慎太郎さんの著書『不屈の棋士』（講談社現代新書）の中で、ＡＩに対する反発は、かなり根強いのではないかと指摘なさっていました。

それ以外ですと、山川さんにお話を伺えると決まってから、一般向けの人工知能特集の記事をいろいろと読みました。「現代思想」２０１５年12月号（青土社）の人工知能特集に情報学者の西垣通・東京経済大学教授が執筆されているのを読んで、かなり反発なさる方もいらっしゃるんだなと。

山川　西垣先生はシンギュラリティのどういった側面を気にしておられるのですか。私自身は、先生とは直接にお話ししたことはないのですが。

木村　私が理解した限りですと、「人間のような自律性を獲得することはＡＩにはない。人間が目標を与えないとＡＩは目標をもつことはない」ということだと思います。

山川　これまでも述べたように、私としては、世界を探索して知識を広げようとする、好奇心にもとづく自律性に着目しています、なぜならこうした自律性は、知能の汎用性と密接に関係するからです。
先ほども述べましたが、単純な自律性の実現方法として行動の中に適当にランダム性を入れる、つまりバラバラな値を出力させるといったことは容易に実現できます。しかしそれではやみくもに足掻いているだけです。目指すべき自律性とはそのレベルを超えて、安全かつ有効なかたちで世界を探索することで新たな知識を得ていける能力です。こうした研究が進みはじめて、次第に成果が出てきています。

木村　ＡＩは人間が目標を与えなければ動かないという点ではどうでしょうか。

山川　先ほど、生物においては自己保存のために行動をコントロールする基本的な価値関数が必要という話をしました。そういった意味では、生物の一種である人間は、個体だけでなく、種もしくは遺伝子としても生存するという目標が暗に組み込まれているとも言えます。強化学習などの技術を使えば、与えられた目標を実現するために、環境に応じた副目標を見つけ出すことができます。しばしば人間は成長する過程でお金を集めることに価値を置くようになりますが、これは立派な副目標生成です。そしてＡＩはこうした機能をすでに実現しているわけです。
ところでＡＩを社会に実装する際には、「ＡＩは道具と見なしうるか」という点からの議論が重要になります。なぜなら、自己設定した副目標の実現を意図して行動したＡＩの責任は、ＡＩ自身がもつべきかという議論につながるからです。

木村　副目標を生成することも自律性なのでしょうか。

山川　今回の対談において、自律性は重要なキーワードであったかと思います。ＡＩ分野において、自律性という言葉はさまざまな意味で用いられているように思います。

現段階で、私としては自律性を、自動化、知識獲得、副目標生成、生存志向の四種類に分けて捉えています。

自動化とは、ＡＩが実行する時点においては直接の指示を受けなくても動作できるという意味です。学習を行わない従来的な自動機械やソフトウェアであれば、実行する内容は設計者やユーザが組み込んだものですが、それであっても自律と呼ぶことはできるわけです。二つ目の知識獲得は先ほど述べたように、私が好んで使う自律性の意味で、好奇心をもって世界を知ろうとするという意味での自律性です。三つ目の副目標生成は、これも先ほど述べましたが、与えられた上位の目標から、それを実現する手段を副目標として設定する能力としての自律性です。四つ目の生存志向は、生物のように自分自身をメンテナンスして保存し繁殖するなどして、長期的に存続していこうとする傾向としての自律性です。ただし、副目標生成を行える高度な知的エージェントであれば、いかなる上位の目標が与えられても、その達成確率を高めるために自己保存、リソース獲得、知識獲得などが副目標として導かれうることになります。これは道具的収斂（Instrumental convergence）と呼ばれます。なお現状のＡＩを動かすためのハードウェアは生物のようには自己複製できないので、この意味ではＡＩにおける生存志向の自律性は不十分かと思います。

ＡＩの開発に倫理的な制約は必要か

山川　米国の非営利組織であるフューチャー・オブ・ライフ・インスティチュート（Future of Life Institute）は２０１７年1月に、「アシロマＡＩプリンシプル」[*6]という、ＡＩの開発原則に関わる提案を行っています。その中で、特に「長期的課題」においては、単なる自動化を超えた意味での高度な自律性が想定されています。またＩＥＥＥ[*7]が２０１６年に発行したEthically Aligned Design においてもAutonomous and Intelligent Systems がキーワードになっています。自律性が高いＡＩはリスクも高いので、どのようにコントロールすべきかを考えなければいけない。

木村　すでに、ＡＩが自律性を獲得することを織り込み済みで、ＡＩ開発の基本原則が議論されているのですね。

山川　そうですね。また松尾豊・東京大学大学院特任准教授が主宰（注：現在は退任）している日本の人工知能学会の倫理委員会では２０１７年2月に「倫理指針」を示しました。その中では、第５条「安全性」として制御可能性を指摘していますが、さらに第９条では人工知能自身が倫理を遵守するという点もスコープに含めています。これらもある種の自律性を前提としているかと思います。

木村　人工知能の開発者に対してではなく、人工知能そのものに対する要請があるのですか。

山川　おっしゃるとおりです。それが第９条です。ＡＩが人間と同レベルの能力をもつ可能性を想定して、ＡＩが社会の構成員になるためには、人間と同じだけの倫理指針を遵守しなければならない、と述べています。

先ほども述べたとおり、自律性にはさまざまな側面があります。自律性を含めたかたちでの議論の扱い方には温度差があるとはいえ、もはや世界的な潮流から見ても、自律性を考慮していくべきでしょう。

木村　なるほど。「自律性という概念をどう提示するか」については、まだいろいろな議論がある。しかし、さしあたって、「人間から見て、自律的に見えるような存在」が現われてくることを前提に、社会はすでに動いているということですね。

よくわかりました。ありがとうございます。

ＡＩは「他人の気持ち」になって考えられるか

木村　話は変わりますが、シンポジウムのときに「意識」の話がちょっと出てきていて、面白いなと思ったのですが、お話を聞く時間がありませんでした。ぜひ、山川さんの考えている意識の定義を教えていただけませんか。

山川　いつもながら木村さんは、定義から入られますね（笑）。

意識に関しても、研究者の間で共有された確固とした定義があるわけではありません。例えば、魚であっても、睡眠があると言われているので、そのときの意識状態に違いがあるのでしょう。しかしながら、私自身は知能の汎用性に興味があります。つまり私は、「いまの自分」ではないものを考えるといった、意識の機能的な側面に注目しています。この考え方は、古典的ＡＩにおいても「モーダルロジック＝様相論理」というかたちで現れます。

人間は、いまの自分だけではなくて、「他人の立場になって」とか「過去の自分や未来の自分の立場になって」ということをします。「〇〇さんの気持ちになって考える」というのは、「心の理論」[*8]と呼ばれる能力です。例えば、「ここに同じ形のマグカップがあります。木村さんから見て、向かって右側のカップが、木村さんが使っているカップ。向かって左側のカップが、私のカップです。木村さんが部屋を出ている間に、私がカップを入れ替えました。部屋に戻ってきた木村さんは、どちらのカップで飲もうとするでしょう」という問題について、心の理論が正常に発達した成人は、「木村さんは、カップを入れ替えられたことを知らないから、自分のカップは右だと考えているはずだ」ということが理解できているので、「右側のカップ」と答える。心の理論が未発達な段階ですと、自分と木村さんが考えていることとの違いを把握できずに、「左側のカップ」と答えるはずです。人の子どもでは、４歳ぐらいからこの能力が発達してくることが知られています。

木村　確かに、小学校に入る前の子に対しても、「相手が嫌がることはやめましょう」って指導しますね。

山川　そうですね。そのときに、「自分がやられて嫌なことは、友達にもしてはいけません」と指導するのだと思います。もちろん次の段階になると、自分と他者の違いや現在と過去の違いなどを認識しながら、「何々の気持ちになって考える」ということもできるようになる。

　一方で、以前に読んだ、テンプル・グランディンによる『動物感覚　アニマル・マインドを読み解く』（ＮＨＫ出版）によれば、人間以外の多くの動物は「いまの自分」しかなさそうとのことです。ですから未来の計画を立てることもありませんが、代わりに「ああ、自分はいつか死ぬ」とか「将来において隕石が落ちてきたらどうしよう」という不安も持たないようです。このように「いまの自分」だけでなく、それ以外の様相というものを理解しつつコントロールができるか否かは、人間と同レベルの意識と言えるかどうかのメルクマールになりそうだと思います。

木村　「他者から見た世界」を想定できるかが大事なのですね。

山川　そうですね。出来事に対するその種の扱いをもたらす能力こそが意識において重要な側面であると、私は思います。典型的な様相論理では「～は必然的である」、「～は可能である」といった世界の可能性を扱います。その他にも、時間に関わる「いつも～」、「そのうち～」、「～まで～だろう」などを扱う時相論理や、自分の信念として「～を信ずる」、「～を欲する」、「～を意図する」を表すＢＤＩ論理（注：Ｂ〈信念〉、Ｄ〈願望〉、Ｉ〈意図〉を意味する）がある。さらには「～であるべきだ」とか「～は許されている」などを扱う義務論理もあります。ちなみに先ほど出てきた否定の概念も、様相の一つですね。

木村　それらを獲得するのは、いまのＡＩでは難しいのですか。

山川　従来からの様相論理でも、こういった様相について対応する記号を用いて形式的に表現できます。ですが表現された、時間とか可能性といった概念の解釈は、それを読む人間のほうにあります。いまのＡＩも、様相それ自体の意味を自ら獲得することはできません。

これは先ほどお話しした、ＡＩが物理学を理解することの難しさとも似た状況です。つまり先ほどの試験問題を解く例で、滑車の作用や動きなどの物理的な理解が人間側にあったのと似ています。

他者と自己の区別とか、義務を果たさなければ罰せられてつらいことがあるとか、そういったことが現実世界につながるかたちで扱われる必要があります。様相論理の根幹をなす「様相」というものを、概念としてＡＩが獲得することは、今後において様相学習のようなものが発展することで解決される技術課題なのだと思います。

木村　ああ、なるほど。いまのお話を伺っていて、山川さんが佐藤優さんに聞きたいことがたくさんある理由がわかった気がします。私は後日、佐藤さんにもインタビューに伺う予定なのですが、山川さんから佐藤さんへの質問事項も、事前に預かっています。その質問事項を見ていて、理系の方なのに神学的なことに強い関心があるので、少し不思議な感じがしていました。

でも、人間が「他の人には、他の人なりの理解があるんだ」ということを理解するには、必然的に、自分と他者を同じ地平に置く、超越的な視点がなければいけない。つまり、様相コントロールというのは、超越的な視点があって初めて可能になる。その超越的な視点とは、いわば神なのですよね。人間と神の関係は、子どものＡＩが様相コントロールをするヒントになるかもしれないという気がしてきました。そのあたり、きちんと佐藤さんに伺いたいと思います。

6 意識をもった機械に「人権」はあるか

機械に人を殺す権利を与えていいのか

木村 シンポジウムでも倫理のお話がちょっと出たので、それも伺いたいと思います。先ほど「月刊文藝春秋」[*9]の企画で新井紀子さんにインタビューしたときの話をしましたが、同じ企画で、ヒューマン・ライツ・ウォッチ（HRW）の土井香苗さんにもお話を伺ったのです。土井さんは、AI兵器は、火薬、核兵器に次ぐ戦争の「第三の革命」を巻き起こすと危惧される状況で、これをコントロールする条約をつくることが、いま、重要な課題だというようなことをおっしゃっていました。

山川 確か、2015年ごろに宇宙物理学者のホーキング博士らが公開書簡において、完全自律型のキラーロボットの危険性について訴えていましたが、これは自律型致死兵器システム（ＬＡＷＳ）に関わる議論ですね。

木村　国連では議論がされていて、非人道的な影響をもたらす特定の通常兵器の使用を禁止・制限するための「特定通常兵器使用禁止制限条約（ＣＣＷ）」[*10]の非公式専門家会合をやっていて、２０１６年末にキラーロボットの規制を検討する公式専門家会合の設置が決定したそうです。

ＨＲＷとしては、ＣＣＷだけでなく、さまざまなルートでキラーロボットを規制する条約の道を探っているようですが、それを主導するリーダー国がないのが問題だとおっしゃっていました。日本がその役割を果たせれば、非常に名誉だというメッセージも込めてですが。

この自律型ＡＩ兵器というのは、ＡＩ研究者の立場から見たときに、倫理的にどういう問題があるのでしょうか。

山川　私自身は軍事の専門家ではないため、それほど踏み込んだ見解は言えません。私の認識では、ここでのポイントは、「機械に人間を殺す判断をさせてよいのか」という意味での自律性にあると見ています。

木村　なるほど。遠隔操作で爆撃するロボットは、すでにいくらでもあるけれど、今後は、人間が判断するのではなく、機械自身がその判断をするようになるのが問題なのですね。

山川　自律性の中では初歩的な自動化であっても、ある時点でＡＩが直接に人からの指示を受けずに殺人をすれば、「人間が判断したとは言えない」というケースが出てくるかもしれません。少なくとも従来の兵器は、人間が最後の決断をして、「このスイッチを人間が押せば、あとは自動的に発射します」というかたちをとっていました。つまり、人間がスイッチを押した後で起きることはほぼ完全に確定事項であった。でも、ＡＩが自律性をもつということは、最終的なスイッチをＡＩがもつということです。

木村　「ビン・ラーディン（テロ組織「アル＝カーイダ」の元司令官）を殺してこい」と言われて殺す行為であれば、自律とは言わないということですか。

山川　少なくとも現段階では明確に分離することは難しそうに思います。段階的な扱いになるように思っています。固有名詞でターゲットを指定する場合に比べて、例えば「敵国の兵士」を認識して殺傷しようとする場合では、ＡＩが敵味方の判断などを行うので、より自律性が高そうに思います。

一方で、ビン・ラーディンが常時携帯しているスマホを攻撃するのであれば自律性は低いように感じます。ただしかし、相手方にも防御兵器や衛兵がいて、目標達成の前にそれらを攻撃する必要が生じるかもしれません。この場合には衛兵を攻撃するという副目標生成レベルでの自律性を用いることになります。また、攻撃目標の近くに小学校があり、そこの子どもを巻き添えにせざるをえないような場合の判断をＡＩが行うとなれば、明らかに倫理的に高度な判断が必要になります。

自律型致死兵器システムについては、ＡＩが判断ミスをした場合にどう責任を取るのだろうか、システムエラーが起こったらどうすべきかといった問題も、指摘されています。一方で、戦地のような極限状況では精神的に追い込まれて判断ミスをしがちな人間より、倫理的に冷静な判断ができるＡＩのほうがベターかもしれないという可能性も指摘されています。

木村　ストレスなどによる判断ミスまで、人間の本質の一部だということですね。確かに、将棋の棋士も、一局指せば必ずミスはするものだとおっしゃいます。ソフトは絶対に疲れないし、動揺しないので強いって。

自律型致死兵器システムについての議論は、もう少し私たちの生活に身近なところで、自動車の自動運転技術などについても応用可能ではないかと思いますが、いかがでしょう。

山川　自動運転の場合、だれかを殺傷しようとする意図はありませんし、人間が運転するよりも安全性を高められます。なぜなら機械は３６０度の視界などのセンサー情報のほかに、交差点の信号機情報や、他車両の情報などを統合しつつ、手抜きをせずに冷静に判断できる強みがあるからです。

とはいえ、ＡＩが判断したとしても人身事故を完全にゼロにはできません。ですから事故の直前に、被害を最小化するための価値判断をＡＩが瞬間的に行う必要が生じます。ですが、その価値判断をどう決めておくかが問題です。

木村　「どんな利益を優先し、どんな被害はやむをえないと考えるか」という価値判断を、機械に委ねるわけですね。

山川　そうですね。自動運転の場合には人的被害を最小化しようとしますが、自律型致死兵器は敵側の被害を最大化しようと計算します。しかし、いずれにしても価値判断が関わりますね。

木村　自律的なＡＩが判断をするということは、まさに「責任なき殺人」が起きるということですね。

山川　責任の議論では意図の所在が重要なので、やはり単なる自動化と副目標生成を分けて考える必要があると思います。自動化の場合には基本的には時間的空間的に離れた場所に存在する攻撃意図が実行に移されているので、原理的には攻撃意図をいずれかの人物に帰せるはずです。ただし、攻撃を実感できる現場において、人間が最後のスイッチを押す必要がなくなります。こうして時空間的に離れた場所で殺人についての意思決定を行う場合には、人間がもつ直観的な倫理観が機能しづらいでしょう。こうなると、必要以上の被害を与える判断を生じやすくなるリスクがありそうです。つまり、倫理性がふっ飛ばされるかもしれない。
　現状において人の倫理観を書き下すことはできないので、「最後は人間が判断する」というのが、社会における暗黙の前提になっているかと思います。

木村　倫理的判断に関する領域は、人間がＡＩに優位さをもつ分野なのですね。

山川　しかしながら、副目標生成という意味での自律性のレベルに到達すると、攻撃的なものも含めて新たな目標達成につながる意図をＡＩ自体がつくりだせることになる。すると、倫理的に問題がある副目標を選択することを抑制するメカニズムを、ＡＩがもつべきであるという考えに至ります。となるとＡＩの設計者が、そうした倫理的な制御機能をつくりこむという責任を負うべきなのか、それともＡＩ自体に責任をもたせるべきなのか。ただしＡＩに責任をもたせるには、ＡＩ自身が社会の中の経験に基づいて、先ほど述べた「～であるべきだ」とか「～は許されている」などの概念を理解している必要があるかと思います。

木村　端的に言えば、ＡＩはまだ倫理観を獲得できた状況にはないということですよね。他者との関係が本質的になっておらず、あくまで自分のプログラム内でしかない。そこに倫理が成立するのかと。まさに他者がいるから倫理が成立するということですね。

山川　そうですね、たった1台のAIだけが存在する世界で、倫理について学ぶことは難しいでしょう。AIがそれを学ぶにはAI同士、さらには人間の織りなす社会生活の中での経験を通じて、人間のような倫理観を学ぶ必要があるかもしれません。しかし仮に、こうしてAIが十分かつ人間的な倫理性を身につけてしまったら、人々はどうなるのでしょう。ひとつ考えられることは、そうしたときに人は倫理的判断もAI任せになり、人々の倫理観が減退するかもしれません。

人間がAIを虐待する未来

木村　先ほど、人工知能学会の倫理委員会では、自律性をもつAIについての倫理も考えはじめているというお話でしたが、具体的にはどういうことを定めているのですか。

山川　倫理委員会が現在示している倫理指針の目的は、AI研究者、開発者のための職業倫理を確認したものです。実はその狙いとして、この指針に従っていることをもって「マッドサイエンティストなどではなく、倫理的な配慮を行いながらAIをつくっている」ということをAI研究者らが主張しやすくなってほしいのです。ですから、たいていの研究者にとっては受け入れやすい内容になっています。そして当然ながら、社会に恩恵をもたらすAIを開発し、かつ、危険は最小化したいわけです。

しかし最後の第９条は特別で、開発したＡＩ自体が、われわれ人間と同じように社会の構成員になることが想定されています。あるＡＩをＡＩ研究者として働かせてＡＩを再帰的に開発させる場合にこそ、ここで述べられた指針が尊重されるべきということです。

木村　自律性をもったＡＩは、人間と同様の倫理をもたなければいけないということですね。ちなみに、ＳＦの世界などでは、ＡＩが人間を害するパターンとは逆に、ＡＩに対する虐待みたいな概念が出てきますよね。それについてはどう考えていくべきでしょうか。

山川　これだけで十分であるとも言いがたいですが、まずは現実的な解決を目指すのは有益でしょう。

例えば、だれかがすごくＡＩのペットを大事にしていたとして、そのＡＩペットが壊されたら、その飼い主は傷つきますよね。だから、そういうタイプの虐待は基本的には減ずるべきかと思います。しかし逆に、暴力的な感情を抑えられない人が、怒りのエネルギーをＡＩにぶつけて発散できるなら、それは許容しうるのではないでしょうか。ＡＩがサンドバックになってくれて、その人の暴力性が人間に向けられなければ社会にとって有益ですから。

木村　確かに、ＡＩはいくら悪口を言われても気にしないようにプログラムすることは可能ですね。

山川　打たれ強さはＡＩの特権の一つです。人間の先生では対応しきれないような、すごい怒りっぽい子どもでも、ＡＩであればいらだつことなく対話を続けられるでしょう。それがその子どもの成長に役に立つなら、怒りをぶつけられるサンドバッグＡＩの価値はあるかと思います。

木村　それはすごく大事だと思うのですけど、一方で、ＡＩに対して日常的に暴力を振るう人は、性格的にどんどん狂暴になっていくという懸念はないですか。

山川　怒りの感情が一定量なのか、それとも、怒れば怒るほど拡大するのか、私としては断言できませんが、その懸念はありますね。一方で、カウンセラーのようなＡＩも現れてくるかと思います。いずれにしても、人々の感情に大きな影響を与えるＡＩが実現されていく過程で、人々がそれとどうつきあっていくかを考えていくことは重要になってきます。

７　ＡＩが人間を超える日

世代交代が進めばＡＩへの抵抗感もなくなる

木村　次に、人間のＡＩに対する拒絶感について伺いたいと思います。最近では、ＡＩがバッハ風の新曲をつくったり、レンブラント風の新作絵画を発表したりしていますが、世間の反応を見ていると、ＡＩへの拒絶感が人間にはかなり大きいようにも思います。今後はＡＩへの拒絶感がなくなっていく可能性があるのか、また、あるとすれば、どういう条件が満たされる必要があるのか、山川さんのお考えを伺えますか。

山川　「可能性があるか」と言われれば、それはあるでしょう。世代交代が進めば拒絶感は減っていく。生まれたときからＡＩが身近にある人たちは、そもそもあまり拒絶しません。基本的に大人は、人生経験に基づいて、新しいものに文句を言いたくなるものですが、世代が変われば馴染みますよね。ただ次の時代において、またさらなる新しいモノが生まれることが加速すれば、いま以上の拒絶感が生じているかもしれません。

木村　なるほど。ＡＩへの拒絶感というのは、ＡＩ特有のものではなくて、新しいものへの拒絶感の流れの中にあるのではないかということですか。

山川　ただし個人の知性の面で超えられてしまうことは、単に新しいことへの拒絶感には留まらないように思います。ｉＰｈｏｎｅの出現は便利な道具の意味での新しさであって、「人間としての尊厳が失われた」と感じる人はいないでしょう。ですが、昨今のＡＩは、人間以上の知的作業ができるようになっていますから。

木村　文章を書くとか、将棋を指すとか。

山川　そうですね。「おれは宇宙一強い」と思っておられたプロ棋士にとって、人のレベルを超えたコンピュータ将棋の出現は、「もう、一番ではないんだ」というように、自分のアイデンティティに対する変更を迫られます。私たち研究者も含めてエキスパートと呼ばれる人たちは、何らかの能力をプライドをもって磨いています。それに対してＡＩが脅威になるのですから拒絶感が起こるのは、むしろ自然かもしれません。ただし世代交代が進めば、最初からＡＩが人間よりも将棋に強いことを前提に、「自分がもっと強くなるにはどうやってＡＩを使うのがいいか」と考えるようになるわけで、拒絶感はなくなるでしょう。また、ＡＩの知性が、個人やさらには人類の知性の集合を上回ることに対しては、さらに根の深い意味での拒絶感がありそうです。

その根源な部分は、「なぜ人間は、人間を殺してはいけないのに、サカナやウシなら殺して食べてよいのか」といった問いに関わるのかと思います。これまでは、人間を特別扱いした種差別に納得する理由として、人類だけが他の動物に比べて圧倒的に知的であるという信念に基づくことも、一つの考え方でした。しかし人間を超えた知性をもつ種族であるＡＩが存在するとなれば、そう考えることは難しくなる。

私も含め現代社会においては、ほとんどの人は自らの手によって動物の命を奪うことがない。ですから、自分たちはほかの生命を奪って生かされているという実感が希薄になりがちです。他のだれかが、代わりに屠殺し肉を切り裂いているはずです。しかし、近いうちにＡＩがその役割を担うようになるでしょう。すると、肉を食べることに関わる罪悪感は人類全体から見えなくなるかもしれません。

木村　アメリカの哲学者のロバート・ノージック[*11]は、「人間より高度な知能の宇宙人がやってきたら、自分たちは餌にならなければいけないことになるので、ウシを食べるのはやめよう」と言っていましたね。

山川　そういうことですね。人間より賢い存在が出てきたら、人間がウシを食べる理由を成り立たせる根拠は一つ減ることになります。もちろんウシを遺伝子改変して、人間のように知的なウシをつくりだすことも、いずれ技術的には可能になるでしょう。

こうしたことに関連して、「ＡＩが人間の能力を超えたことで、宗教にどんな影響があって、「困るのか」という点にはすごく興味があり、佐藤さんにお聞きしていただきたいです。

木村　はい、聞いてきます。どのあたりが特に引っかかるのですか。

AIが宗教を生み出す日は来るのか

山川　宗教に関連して気になることの一つ目は、AGI（汎用人工知能）開発組織についてです。ウィキペディアにおける宗教の定義の中に、「人間の力を超えた存在を中心とする観念」といった記述があります。だとすれば、AIが人間を超えてしまったときに、AIはやはり一種の神のような対象に位置づけられうるのだろうかという疑問が生ずるわけです。私たちも、人類に有益な技術として汎用型の人工知能の実現を促進していますが、その技術はいずれ超人的な知能をつくり出しうるものです。超人的な人工知能の開発を進める団体が、ある時から宗教団体と区別がつかなくなったりしたら、それは少々おかしな気がします。

木村　なるほど。

山川　二つ目に気になっているのは、脳型の人工知能を研究していった先に現れるマインド・アップローディング技術[*12]が、死生観にどういった影響を与えるかというテーマですね。十分、詳細に人間の脳ネットワーク構造や神経活動状態を測定できる段階になれば、それを脳型ＡＩ上に転送することで、人格をコピーすることが現実味を帯びます。現在グーグルで研究を行っているレイ・カーツワイルは、その技術を目指していることで有名です。マインド・アップローディングが成功したならば、すべてのデータが破壊されない限り、不死の人格が誕生するでしょう。

木村　データとしての生命体ですね。

山川　私が思うに、人が死することは多くの宗教にとって重要な出発点になっていると思うのです。そうだとすれば、ある段階で不死が前提になると、現存の宗教にさまざまな綻びが生じて変化し、さらには崩壊する可能性がありそうな気がします。

木村　いつ実現するかは置いておくとして、技術的には、マインド・アップローディングは可能なのですか。

山川　いずれ実現可能になると思います。なぜなら、脳の情報処理というのは原理的には、電気的及び化学的なシグナルの情報交換に基づくと見なしうるからです。

将来において、人間の脳内のすべての結合構造が測定できて、脳内の神経細胞ごとの活動を１ミリセック（１０００分の１秒）単位で長期にわたって測定できるようになれば、人格を転送するための準備が整います。しかし現状では、人間の脳活動の測定にはかなり限界があり、秒単位で、１万個ぐらいの神経細胞の塊としての活動を測定できる程度なのです。

私は、マインド・アップローディングは最終的には、ＡＧＩが主導する科学技術開発によって成し遂げられると考えます。おそらく、ＡＧＩが高性能な脳活動スキャナーを開発してくれるでしょう。ですからマインド・アップローディングの実現は、汎用人工知能の実現よりあとになると思います。

その際、私にとって興味深い技術課題は、どこまで詳細に似せた脳型ＡＩであれば人格を転送するに足るかということです。

木村 なるほど。どこまで細かくやれば完全なコピーと言えるかはともかくとして、まわりの人が「コピーできている」と感じる程度の再現性になれば、マインド・アップローディングの成功と言っていい。それが絶対に不可能だとは言えないということですよね。

山川 逆に言えば「マインド・アップローディングは絶対起きえない」と主張することは難しいように思います。

失敗することでＡＩは人間を超えた知性に進化する

木村 ＡＩ研究者から見て、人間の思考とＡＩの思考の差異はあるのですか。

山川 ＡＩによって実現しうる思考方法は、人間に比べて圧倒的にバリエーションが大きい。

ですから、一般的に見て、ＡＩの思考は人間とは似ていない。

さらに特定のタスクにおいて問題解決を行う特化型ＡＩの開発においては、脳との差異を減少させる力は働かない。なぜなら、脳に似せてつくるという制約を課すことは、しばしば開発上の障害になります。脳の制約の例として表現をコピーできないという性質がありますが、計算機では簡単に行えます。例えば、脳では右目と左目でそれぞれ独立に神経ネットワークが発達しますが、ＡＩをつくるときに、左右それぞれに別のネットワーク構造を設計する必要はなく、同じものをコピーして使えばよいだけです。つまり基盤となるハードウェアが違うので、脳とＡＩの実現方法は、それなりに違うものになる。

一方で私たちの推進している全脳アーキテクチャにおいては、できるだけ脳に似せる方向での汎用人工知能の開発を目指しています。特化型ＡＩの開発と大きく異なる点は、汎用的な知能の開発では、タスクを実現する機能を分解するかたちでの設計が行えません。そのために設計における指針として、すでに存在する汎用知能である脳を参考にすることが有力になりうるのです。

ここでさらに、実現される汎用人工知能と人間との差異を減らすことで得られるメリットについて話しましょう。やはり、人間同士であれば、例えば私と木村さんのように、お互いの専門分野のことはそんなにはよくわかっていなくとも、人間としての思考パターンを前提として、相手の考えを推定できる。ですから、そこそこに対話が成立しますよね。ＡＩはこの先、確実により賢くなっていきますが、その場合でも人間と同じように思考するならコミュニケーションしやすいでしょう。当然ながら、私たちは羽生善治竜王が将棋について考えていることはわからないですが、ある程度は話ができる。

木村　なるほど。羽生さんがこの手を指したときにどこまで何を考えていたのかは、プロ棋士の方でもわからないことがありますね。ただそれでも、「このあたりのことを重視していたのではないか」と推測したりはできるし、後から話を聞けば理解はできる。

山川　そこですね。高度なＡＩと私たち人間との関係も、次第にそうなってくるでしょう。ですから、開発するＡＩを人間的に考え、振る舞うものにしていくことは大事で、その実現のために、脳に学んでＡＧＩをつくる全脳アーキテクチャの意義は大きいと考えています。

木村　一方で、人間は知的な活動をするには不完全あるいは最適とは言えないということを前提にすると、「人間を超えたもっと完全な知性を目指す」というアプローチもあるということですか。

山川　おー、「完全なる知性」というのがあったら凄いですね。私も含めて、多くのＡＩ研究者は、人レベルのＡＩは通過点だと思っています。つまり、それは東大入試のようなものですね。

現状のＡＩにおいても、個別の能力に着目すれば、人間を超えた点は枚挙に暇《いとま》がありません。けれども、全体としては、まだまだ人間のレベルに追いついていない。つまり、汎用性という大きな課題があるわけですね。

こうした汎用性の課題を克服して人間に近づき、さらに人間を超える知能を実現するために考えうる有力なアプローチは一つではない。しかし全脳アーキテクチャ・アプローチでは、いったんは人間レベルに到達するために、ある程度は脳に寄り添って開発するほうが、神経科学などの知見を取り込むことで開発が加速すると考えています。そして脳型の汎用人工知能が完成すれば、その後は脳を模倣するという制約を取り払って、より能力の高い知性を目指すことになるでしょう。

結局のところ、人間を超える知能にたどり着くために脳に学んだほうが得か損かはだれにもわからない。研究チームごとに信念をもって選んだ研究戦略で進めることになる。だれかがそのゴールにたどり着いたとき、初めて最速の道筋が明らかになると思います。

木村　なるほど。今後、人間を超えるような知能ができてくると、「人間は欠陥だらけだ」というようなことになっていくのですか。「人間にしかできないこととは、失敗である」みたいな。

山川　（笑）まあ、ＡＩも失敗しますけどね。先ほど言ったように、知識獲得のために自律性を発揮しようと思ったら、少しずつリスクを取りつつ繰り返す必要があります。そもそも賢いＡＩというのは、最初からすべてを知っているわけではありません。

木村　なるほど。自律性を発揮するということが、失敗を経験するということだと。

山川　好奇心をもって世界を知ろうとするには、そうした失敗をマネージするメタな能力が役立つでしょう。

木村　そうか。自律性を備えている限りは、お互いに失敗するものだと考えるべきなのですね。

山川　そうですね。羽生先生であっても、いろいろ試していて、失敗しないわけではないですからね。

木村　なるほど。非常に勉強になりました。ありがとうございます。

いまのインタビューを踏まえて、山川さんから佐藤さんに伺いたいことがあれば教えてください。事前にメールで伺った分はもちろんありますし、「超知能の開発を目指す組織が、宗教団体と勘違いされないか」と「不死の人格が生まれたときに、宗教はどう変わるのか、困らないのか」という二つの疑問をいただきましたが、何か強調したい点があれば伺いたいと思います。

山川　そうですね。リワード＝報酬系に関連する話なのですが、例えば、人間には食欲があるから、鳥や牛を食べる。でも、人間は人間を食べてはいけない。その点を合理的に説明することは困難です。宗教は、その矛盾を現実的に解消する役割も担っているのでしょうか。ある種の宗教的な儀式は、決まり事としてそうした矛盾を解消したと見なし、人々の心に平安をもたらすようにも思えます。人々の心の平和を保つために、儀式＝リチュアルというのは効果的なのかもしれません。

また今後、人類と共存できる倫理性をもつ高度なＡＩをつくっていくために、人間に似せた倫理観を埋め込むなら、必ずしも一貫性をもたない価値体系をＡＩに埋め込んでいくことになる。そうなると、さまざまな矛盾が生じるはずですから、その矛盾を解消するための仕組みが必要になりそうです。そうなると、人間における宗教のようなものが、高度なＡＩにとっては必要になるのかもしれません。つまり「ＡＩのための宗教」ですね。高度なＡＩにとっての宗教があるとすれば、それはいかなるものなのか。ＡＩは経典を書けるのか。さらにはＡＩ集団の間で宗教戦争のようなものが起こりうるのかといった可能性はお聞きしたいですね。

木村　ああ、なるほど。わかりました。

ＡＩの権利を侵害する法律は憲法違反か

木村　最後に、私からの質問ですが、法律家がＡＩ関係の技術について、一番気をつけなければばいけないことは何でしょうか。

山川　ＡＩを研究開発する立場から言うと、例えば安全性を重視する法制度が強化されすぎ、国内における研究開発が減速し、国際的な開発レースにおいてますます不利になることですね。素人考えですが、やはり法律というと「○○をしちゃいけない」というブレーキの面のほうが目につく。もちろんそれは本来、何かよい方向に促進するという役割をもつこともあるのでしょうけれども。

となると一般論としては、何らかの不都合が出てから事後的に対策を考えるのが現実的でしょう。はじめからあれも駄目、これも駄目、といった状況になるのは困りますね。ただし、後から修復が困難な existential risk（存亡にかかわる危険性）については別ですね。そうした場合は事後的な対応では間に合いません。将来のＡＩが再帰的に自己改善するようになった段階で、知能爆発が起こると言われています。そのとき何か大きな問題が生じる可能性が指摘されています。

むしろ私からお聞きしたいですが、そもそも法律というのは何なのでしょうか。どのように法律というのを捉えたらしっくりくるのでしょうか。

木村　ごく簡単に言えば、「人が幸福に生きるためのルールを一般的、抽象的に定めたもの」といった定義になるでしょうか。主人公が人であるところが特徴かと思います。

　ただ、近代的な法律は、「法律」という形式に対して強い効力を与えるように発展してきました。つまり、その内容がどうあれ、議会を通ってしまえば、法律として成立し、人を強制する力をもちます。もちろん、あまりに不当なものは「憲法違反だから無効です」などと、法律としての効力を否定することもありますが、基本的には「議会が通した」という事実によって、「このルールは人々のためになるルールだ」と見なす。そういうことになっています。

山川　もともとは「人の幸福のための手段」として発展したのに、運用上だんだん形式化してきたということですか。二面性があるのですね。

木村　そうですね。哲学的に言うと「法と正義」という問題があります。法というのは正義にかなっていなければいけませんが、正義は自然に認識できるわけではありません。正義に近づくにはどうしたらよいかと試行錯誤した結果、「多くの国民を代表する議会で話し合うのがいいだろう」と、内容ではなく手続きに注目することになった。そうやって、近代法は発展してきました。

　議会は多くの人の意見を反映していますから、議会という形式を通れば、それなりに立派な法律ができるはずです。でも、ＡＩ研究のように、人にとって理解が困難なものについては、変なルールがつくられやすくて、かつ、それが変であることが社会に認識されにくい。多くの人の間に差別意識があると、差別的な法律ができてしまうわけですが、それが差別的であることに、そもそも気づけません。

山川　私の知っている範囲では、「ＡＩは制御可能なものしか開発してはいけないというルールを設定すべきか？」というガイドラインの議論がありました。しかし、技術者から見ると、知識獲得や副目標生成といった高度な自律性を備えたＡＩについては、完全なる制御というのはほぼ不可能です。技術的に見ると「可能な範囲でディレクションを与える」とか「説明の可能性を確保する」といったあたりが現実的なレベルです。しかし、議論の初期段階ではどうしても「完全なる制御の保証」といった考えが出てきやすくなります。やはり理解をしないままのルールづくりは危険を伴いそうですね。

ちなみに、変な法律ができてしまった場合には、どうするのですか。

木村　変な法律は、結局のところ人々が生活する上で迷惑なので、いずれは「このままではだめだ」と人々が学習します。多数派が問題に気づくに至れば、立法過程で修正する、つまり法律をつくり直すこともできます。気づくのが少数であったとしても、重大な問題だと裁判所が気づいてくれれば、憲法論をもちだして、法律の違憲無効を宣言することもあります。憲法は、過去に国家がやってきた失敗のリストですから、憲法に基づいて「この法律は憲法違反になっていないか」とチェックしていくと、偏見や差別意識に基づく不当な法律をあぶりだすことができるのです。

ただ、人の人権を侵害していれば、法令の違憲審査権を通じて裁判所も動きますけど、ＡＩにはまだ人権が認められていないので、裁判所に期待するのは難しいかもしれません。

山川　そうなのですか。ＡＩに人格が認められることで、裁判所が法令の違憲審査を行うケースが現れるかもしれないと考えると面白いですね。

安全な技術を育てるためのルールづくり

木村　ＳＦ作家の新城カズマさんと先日お話しする機会があったのですが、新城さんは、いわゆる普通の人間である「自然人」、会社などの「法人」のほかに、「架空人」という権利主体を認めたほうが、社会にとってもよいのではないかという議論をなさっていました（木村草太・新城カズマ『社会をつくる「物語」の力』光文社新書）。ＡＩを権利主体として認める社会になれば、ＡＩの発展を不当に侵害する法律は、「ＡＩに対する権利侵害」として裁判を起こしやすくなるかもしれません。

いまの法律の枠組みで、ＡＩの発展を阻害する法律を阻止しようとするなら、ＡＩ研究者の権利の観点からアプローチすることになります。「ＡＩの研究・開発」は「学問の自由」として憲法23条で保障されているので、不当な規制は、研究者の学問の自由の侵害として許されないはずです。もっとも、「人間に危害を及ぼす危険がある」と言われると、学問の自由がかすんでしまう傾向がある。本来は、学問の自由の価値をもっと重く見るべきなんでしょうけれど、学問の成果は評価しにくいので、不安感のほうが勝りやすいのです。そんなことを考えていくと、確かに、この分野で変な法律が一回できると、是正は難しいかもしれない。法律をつくる側にちゃんと理解してもらわないと困るという危機感は、もっともだと思います。

山川　違憲の議論にもちこむために「学問の自由」の観点をもちこむのは、私としてはやや違和感を抱きました。どちらかというと、このケースで現れている構造は、個別にはリスクやコストが発生しても、より大きな視点でのメリットを獲得するために「ＡＩの研究・開発」を推進すべきという話かと思います。こういった全体集団の利益については、法よりも政治が力を発揮すべきなのですかね。

木村　法律家が考えていることは、山川さんとそれほど変わらないとは思います。憲法の基本的な発想は、「憲法の定める権利は保障されなければならない。ただ、より重要な利益を実現するためになら、その権利を制限することも、必要最小限の範囲では許される」というものです。「拷問の禁止」などは、例外を許さない絶対的な禁止規定ですが、ほとんどの憲法上の権利は、利益衡量によって、社会にとってどうしても必要な制限は許されます。

ただ問題なのは、学問の自由が保障する「ＡＩの研究・開発」の価値をどれだけ重要なものと評価するかです。一般の人には、専門分野の価値は理解しにくい。他方で、新しいものに対しては、漠然とした危惧感をもちやすい。そういう中で利益衡量をすれば、ＡＩの専門家から見ればありえないような判断をしてしまう。ＡＩ研究・開発の価値が低く見られる一方で、ＡＩが社会にもたらすかもしれない害悪が過大評価されてしまう。そういうことだと思います。

山川　少なくとも、これからのＡＩ開発において守るべき規範について検討する場合には、私たちが日常的に使っている、自動車やインターネットなどの安全性と比較すべきでしょう。現状の技術も、常に制御可能ではないし絶対に安全なわけでもありません。すでに利用されている技術とは乖離したレベルで、ＡＩ技術に対して要求を高めるのは避けるべきでしょう。

木村　そうですね。「ＡＩ技術は、自動車やインターネットなどの延長にある、技術の一つである」という認識を、一般の人がどこまで共有するかでしょうね。いまのところ、ＡＩに対する一般の人々の嫌悪感は強そうですから、地道に信頼を勝ち取っていくしかない。さすがに、「ＡＩが勝手に人殺しを始める」というのは避けたいですよね。

山川　もちろん、勝手には困ります。現状で可能なのは、やはり規制する範囲を例えば「自律的な判断による殺人」といった部分に限定すること、いわゆる自律型致死兵器システム（ＬＡＷＳ）の禁止のような議論から着手するのが現実的でしょう。

木村　なるほど。

山川　社会全体として、ＡＩ技術を育てながら安全に活用するためのルールづくりを効果的に進める必要があるでしょう。一般論としては次のように言えます。包括的に、明示的な強制力をもたないガイドラインなどを設定してベストプラクティスを蓄積していく。他方で、重要性の高い個別案件から強いルール化を進めてそれらの蓄積から次第に体系化した法制度に発展させる。また並行して、利用者のＡＩに対するリテラシーを向上させていく必要もありますね。

木村　なるほど。憲法学の世界では、「どのくらい重要な理由があれば、ある人権を制限してもいいのか」を検討するのが重要なテーマの一つになっています。「人々がなんとなく怖いと感じている」ぐらいのところで、学問・研究の自由が制約されないよう、きちんと議論していきたいと思います。

用語解説

＊1　バイオ素子
従来の半導体素子に代わり、タンパク質や酵素などの生体物質がもつ機能を利用した情報処理システム。

＊2　MLP（Multi-Layer Perceptron）
脳神経の特性をコンピュータ上でシミュレーションしたニューラルネットワークの一つ。初期のニューラルネットワークは入力層と出力層の2層構造だったが、80年代にさらにレイヤーを加え多層構造化することで欠点を克服した。「多層パーセプトロン」とも。

＊3　シナプス
神経系を構成する基本単位であるニューロン同士、またはニューロンと筋線維などとの接合部。興奮がシナプス末端に伝わると化学伝達物質が放出され情報が伝達される。

＊4　シグモイド関数
シグモイドとは、ギリシア語のシグマ（σ）の語末形（ς）に似た曲線。グラフにプロットされた変数が直線的な線形関係にならず、シグモイド曲線状に分布する関係をシグモイド関数と呼ぶ。

＊5　バックプロパゲーション
多層階層型ニューラルネットワークの学習法の一つ。入力層へある情報を与えても最初は出力層が望ましい出力をするとは限らないため、その誤差を教師情報として与えることで、最終的に正しい出力が得られるように調整する手法。「誤差逆伝播法」とも言う。

＊6　アシロマＡＩ原則プリンシプル

２０１７年１月、カリフォルニア州アシロマで行われたＡＩ研究者と経済・法律・倫理・哲学の専門家による議論に基づき発表された、人工知能に守らせるべき23の原則。研究開発のあり方や安全基準、透明性、プライバシーの問題など、広い視点からの提言がなされた。

＊7　ＩＥＥＥ

アメリカに本部を置く電気・電子技術の学会。人工知能の倫理面での標準化を推進している。

＊8　心の理論

発達心理学などでいう、他者の心理や意図、志向などを類推し理解する能力。

＊9　ヒューマン・ライツ・ウォッチ（ＨＲＷ）

１９７８年にヘルシンキで設立されたヘルシンキ・ウォッチを前身とする国際的人権ＮＧＯ。１９８０年代に世界規模に活動を拡大し、現在はアメリカに拠点を置く。人権侵害に関して調査を行い、ロビー活動や政策提言を行う。２００９年に東京オフィスが開設され、弁護士の土井香苗がディレクターを務める。

＊10　特定通常兵器使用禁止制限条約（ＣＣＷ）

拡散防止が求められる核・生物・化学兵器などの大量破壊兵器以外でも、過剰な殺傷能力をもつ非人道的な通常兵器を制限しようとする条約。１９８０年に国連本会議で採択された。２０１８年８月現在、１２５の国・地域が締結。

＊11　ロバート・ノージック

アメリカの哲学者。個人の自由と経済的自由の双方を重視するリバタリアニズムの代表として知られる。

＊12　マインド・アップローディング
人間の知識や意識、精神をデジタルデータ化し、コンピュータに転送すること。「精神転送」とも言う。

第7章

AI技術は
宗教と倫理を
超えられるか

佐藤 優・木村草太

写真：中村琢磨

1　宗教とＡＩのつきあい方

ＡＩに宗教は必要か

木村　前回は、現代政治に関するお話を伺ったので、今回は、山川さんからお預かりした質問票をベースに、佐藤さんにお話を伺っていきたいと思います。

山川さんは、汎用型ＡＩの開発において、宗教が一つのポイントになりうるとおっしゃっていました。私は法律学が専門なもので、どうしても検討対象を定義することから始めたくなってしまうのですが、佐藤さんは、宗教をどう定義なさっていますか。

佐藤　それはちょっと答えようがないですよね。宗教の定義は、その宗教によって、あるいは宗教学者によって、みんな異なりますから。

例えば、ウィキペディアの「宗教」の項目を見てみると、「一般に、人間の力や自然の力を超えた存在を中心とする観念であり」と書いてある。でもこれだと、神道は、自然そのものを崇拝の対象にしていますから、宗教に入らなくなってしまいます。

木村　なるほど。自然をそのまま人格化させるだけだから、「自然の力を超えた」とは言えないわけですね。

佐藤　あるいは、スピノザなどの汎神論[*1]では、一切のものが神の顕現だと考えますから、やはり超越性はありません。こうした世界理解との関係で言うと、私は16世紀後半に活躍したカバラ思想家のイツハク・ルリア[*2]が重要だと考えています。興味のある方は、『神学の思考』（平凡社）という本を書いておりますので、そちらを読んでいただければと思いますが、日本では、人類学者の中沢新一さんなんかが強く影響を受けています。こういう系統の宗教は、意外とＡＩとの相性がいいのではないかと思います。

逆に、超越的宗教、特に一神教系の宗教だと、「神が世界をつくったのだとしたら、世界をつくったときに神はどこにいるのか」という問題が出てきてしまうので、厄介です。超越的な宗教だと、「人間と神は異質なものである」というのが、一種の公理系ですから、矛盾が出てくるでしょう。

いまのところは、「ＡＩは、将棋では勝てても、まだまだ人間のほうが総合力は勝っている」と言っていられるでしょうが、将来的には、汎用性の高いＡＩが現れるでしょう。そうなれば、宗教をやる人たちも現実の問題に直面することになるでしょうね。

ただ、ＡＩとの関係で言えば、宗教よりも倫理のほうが、より問題は切迫していると思います。

木村　シンポジウムでお話しされていた自動運転の設定の話ですね。

佐藤　そうです。自動車を運転中に、前の車との衝突を避けるためには、どうしても右か左に避けるしかない。でも、どちらに行っても人がいる。例えば、右に2人、左に3人いたら、どちらにハンドルを切るべきか。右の人が高齢者で、左の人が若年層だったなら、どうすべきか。あるいは、右も左も若年層だけど、右の人は偏差値70の私立中学校の制服を着た生徒で、左の人は近所でも有名な問題児の多い学校の制服だったら、どうすべきか。そうした状況でどちらを選ぶプログラムにするかは、厳しい倫理的判断が迫られます。

これに関連して思い出すのが、ハーバード大学教授のマイケル・サンデル教授です。日本でも2010年4〜6月に、NHKで「ハーバード白熱教室」という番組が放送されて話題になりました。マイケル・サンデル教授がアメリカでブームになったとき、私は不思議に思いました。トロッコ問題のような、コミュニタリアン的で稚拙な問題をめぐって、アメリカはなぜこれほど熱中しているんだろうと。

でも、AIが出てきて、それが実践的な問いだったのだと腑に落ちました。いままで考えないですませていた倫理的問題に対して、取り組まざるをえないと思います。

木村　宗教よりも、倫理に切迫した問題が発生しているとお考えなのですね。

佐藤　そうですね。宗教に関しては、宗教の専門家以外には、AIはあまり関係がないのではないでしょうか。お葬式や、結婚式のような日常的な宗教儀式の場面では、ＡＩの登場はそれほど大きなインパクトにならない。

逆に、倫理は、現実的に大きな問題となります。ＡＩを使った殺人兵器を本格的につくる場合、特定の民族の特徴をターゲットにする設定も、技術的にはできるでしょう。でも、そんなことが倫理的に許されるのか。もちろん、こうした問題を考えるには、倫理の背景にある宗教観を考慮する必要もあるかもしれませんが、直接的には、あくまで倫理の問題と考えるべきでしょう。

宗教と貨幣経済の距離感

佐藤　山川さんは、ＡＩが宗教にどんな影響を与えると考えていらっしゃるのでしょうか。

木村　宗教の背景には、「人間が死ぬ」ということが前提として存在しているのではないか、ということにポイントがあるようです。山川さんは汎用型ＡＩを開発なさっていますが、それが完成すれば、ＡＩは人間と同等の知性を有することになる。つまり、ＡＩが不死身の人格として存在することになる可能性があるわけですね。そうしたときに、宗教のあり方はどうなるのかということに、好奇心をもっているそうなんです。

佐藤　そこについては、逃げるようだけれども、実際にその局面が来てみなければわからないですね。私のようなキリスト教神学の訓練を受けている人間は、「明日考えなくてはならないことは、今日考えないでいい」という発想が強いんです。神学の言葉で言うと「状況倫理」[*3]ということになります。神の意志は、一般的な原理から演繹的に導かれるのではなくて、いまここにある実存的な状況からこそ知ることができるという前提に立って、個々の場面で主体的に責任をもって生きるべきだという倫理的な立場です。

ただ、あえていまの時点で考えるとするならば、貨幣と宗教とのつきあい方が参考になるかもしれません。

木村 どう関係するんですか。

佐藤 お金は死なないでしょう。これはマルクス経済学の非常に大きな発見だと思うんですけれど、商品はずうっと変態を重ねていくけれど、貨幣は市場に残り続けるんです。たいていの商品は朽ちたりして、更新が必要になるけれど、貨幣は不死性を帯びているわけですよね。

木村 なるほど。面白い連想ですね。

佐藤 「われわれの周辺にあるもので、永遠に生きるものは何か」といったら、リアルなものとしては貨幣ということになる。だから、もしかしたら、この貨幣とのつきあい方がヒントになるのかもしれないと思います。

木村　いまのキリスト教神学では貨幣をどうとらえているんですか。

佐藤　もしも貨幣を完全に否定するとしたら、カンボジアのポル・ポト政権[*4]や「イスラム国」みたいな感じになってしまう。だから、キリスト教神学では、主観的には貨幣を否定したとしても、客観的にはできないということを受け入れます。つまり、キリスト教の関係の人たちは、商品経済の中にあっても、自分の大切にしている領域に関しては貨幣を介在させないようにしています。例えば、祝福や儀式を売り物にしないということです。

これは、仏教や神道でもそうだと思うんですよね。例えば、お寺や神社にあるお賽銭箱は、だれがいくら入れたかをチェックできないようになっていますよね。あるいは、お寺や神社の行事として、お菓子や食事を配るときには、氏子さんに平等に配っているはずです。そこは貨幣経済の原理とは違いますよね。そういったところじゃないかと思う。

木村　宗教は、お金とはうまいこと距離を置いて、取り込まれないようにしているんですね。ＡＩともそういう距離感をとっていけば、宗教とＡＩは共存できると。なるほど、面白い視点だと思いました。

いまのお話でインスパイアされたんですが、法学の領域で言いますと、「法人」は不死の存在だと言ってよいと思います。

佐藤　確かに法人もそうですね。国家を法人としてとらえるなら、国家も永遠に生きるみたいな感じになってきますね。

木村　そうですね。「法人」という概念が生まれたばかりのころは、「不死の意思主体」という概念が非常に受け入れがたくて、「社長の死とともに法人は消滅しなければいけない」という処理をしていたらしいです。

佐藤　確かに、合名会社のようなプリミティブな会社は、会社の負債に対して無限責任を負っていて、経営者や出資者の人格と深く結びついていますね。

木村　そうなんです。株式会社に代表されるような、出資した範囲でしか会社の負債の責任を負わないという有限責任型の法人は、法学の世界ではとても新しい発明品です。そこに至るまでには、宗教的葛藤も結構あったのではないかと思います。

法人をどう扱うか、つまり、法人に対してどんな権利を与えるべきなのかについては、憲法学でも長年議論されてきましたが、最近は、法人は、あくまで自然人が便利に結合するための「道具」と位置づける傾向が強いんです。そこには、不死の意思の主体からは距離を置こうとする宗教の知恵を応用している面があるかもしれません。

佐藤　面白いですね。僕もすごくインスパイアされました。AIは、知能をもって、永遠に生きるものとして、法人の位置づけとアナロジカルに考えていけばいいかもしれませんね。

木村　そうですね。自然人を出発点にするよりも、法人を出発点にして法理論を組み立てたほうが、多くの人に受け入れられやすい気もしますね。

佐藤　「商品経済を抜け出す」という観点で考えると、私は、実は木村さんの活動にも注目しているんですよ。木村さんは報酬で、つまり経済合理性で仕事を選んではいないでしょう。

木村　まあ、自分が面白いと感じるかどうかのほうが、報酬よりも大事ではありますね。もちろん、講演会の依頼なんかでは、ただ単に「有名だから」と声をかけてきているのか、それとも、著書を読んだうえで「もっと勉強したいから」と声をかけているのかなど、主催者の熱心さと報酬が比例することも少なくはないですけれども。それに、いまの私は大学に所属して、生活に十分な給料をもらえるという幸運な条件に恵まれています。もしもそうでなかったら、仕事を選ぶ基準も変わっているかもしれないです。

佐藤　それは、そうですよね。貨幣経済を全面的に否定しているわけではない。でも、貨幣経済からある程度は自由になれるだけの条件が揃っている。

ＡＩの実用化が進むときに、私よりも若い世代の木村さんあたりから、ＡＩとのつきあい方に関して、ユニークな発想が出てくると私は思うんです。なぜなら、木村さんのような方というのは、「ＡＩをこう活用すれば合理的だ」と言われたって、ＡＩの言うことを受け入れて全部丸投げするということにはならないと思うんですよ。いい意味で木村さんは頑固ですから（笑）。

非合理ゆえに宗教は存在する

佐藤　別の言い方をすると、チェスや囲碁や将棋をする人がいつづける限り、ＡＩの追求する合理性とは別の原理があるのかもしれないです。

木村　なるほど。

佐藤　いまのソフトの進歩を考えれば、「より勝利に近い手を探す」という面では機械にかないっこない。それでも自分の頭脳でよりよい手を探そうと努力するところに、合理性とは異なるなんらかの原理がある気がします。これはマインドスポーツに限ったことではありません。移動スピードで考えたら、機械を使ったほうが絶対に合理的なのに、速さを競い続ける陸上選手にも同じものを感じます。

もしかしたら、そこに宗教があるかもしれない。

木村　合理性では説明できないことの中に宗教があると。

佐藤　ええ。スポーツに携わる人に根性論と親和性が高い人が多いのも、合理性とは別の原理で動いているからではないかという気もします。

不合理という点からすると、ちょっと卑俗な例ですけど、恋愛もそうですよね。これからどれだけＡＩが進化したとしても、みんながＡＩに恋をするようになるのかといったら、

木村　たぶん、そうじゃないと思います。

映画「ブレードランナー」[*5]のレプリカントのレベルまでAIが進化したとしても、AIとは恋愛できないという人はいるでしょうね。「なぜ、AIに恋ができないのか」という問いへの答えは、「AIは人間ではないから」というトートロジー（同義語反復）のようなものになりそうです。

この点に関連して、山川さんは、人間が人間を特権的な位置に置いていることについて関心をもっていらっしゃいました。例えば、人間が人間を殺すことは許されないけれど、人間は豚を殺して食べています。これを正当化する根拠は、やはり、人間には高い知能があることに求められるのが一般的だろう。しかし、人間より高い知能をもつ存在が登場したならば、そうした観念が揺らぐのではないかと。

これは、サンデルじゃなくて、ロバート・ノージック的な問題ですね。

佐藤　その点に関しては、ユダヤ＝キリスト教は揺るがないと思います。ユダヤ＝キリスト教の場合、人間がほかの動物や自然を管理することができる理由は、知性ではないんです。それは、神様が人間をつくったときに、神が人間に息を吹き込んだからなんです。
細かいことを言うと、ひと昔前までは、人間が自然を「支配する」という考え方が主流だったんですけど、いまは、「管理する」という考え方に変わってきていますね。

木村　人間は、神様から自然の管理を委ねられたと。

佐藤　そう、委ねられている。あくまでも支配者は人ではなくて神です。こういう前提から、神学者は原発や核兵器についても議論しています。人間が原発や核兵器を利用すれば、神がつくった自然や生態系をすべて破壊することになる。神は人間にそんなことまでは委ねていないはずではないかと。神学者たちは、「何が委任の範囲を超えるのか」という問いを立てることになります。

こうした宗教からすると、人間より知性が高い存在が登場しても人間の地位に差異はありません。

木村　なるほど。あくまでも神が委任したのは人間なのだから、たとえ知性の高い存在が生まれても、人間の特権がなくなるわけがないということですね。

佐藤　そうです。それにもともと、知性と特権を結びつける考え方は危険です。仮に、人間の特権の根拠が知性なのだとしたら、「認知症の人間や知的障害のある人間は、人間としての尊厳をもたない」という結論を正当化しかねません。

知性から人間の特権を導く議論は、差別的な思想と実は裏表なんです。

2　共謀罪と政権の宗教性

共謀罪を求めた外務省の真意

佐藤　知性と宗教との関係ということからの連想で、考えたいことがあります。

木村さんに言われて、高山佳奈子・京都大学大学院教授の『共謀罪の何が問題か』（岩波ブックレット）を読みました。その上で、今回の共謀罪（テロ等準備罪）に対する外務省の対応を振り返ってみると、非常に宗教的だと感じました。

木村　言われてみると、そうですね。あまりに支離滅裂かつ強硬な対応で、なんだか悪いものに憑りつかれたかのような雰囲気でした。

佐藤　高山さんが衆議院の法務委員会で話したとき、与党側の参考人として呼ばれたのは、外交官の小澤俊朗氏（在ウィーン国連機関政府代表部特命全権大使）です。実は、彼は、外務省で一番のリベラル派なんですよ。

木村　えっ、そうなんですか。

佐藤　はい。在ロシア大使館での勤務経験もあって、外務省的には、非常に優秀な人物です。

彼の参考人答弁を聞いていると、木村さんがおっしゃるように、確かに支離滅裂です。でも、実は、あの支離滅裂さは、私自身の支離滅裂さにも相通じていると思います。

外務省が考えているのは、こういうことです。日本は現状、外国からなかなか情報をもらえない。それは、しかるべき法律がないからだ。特定秘密保護法をつくれば、テロ関係の情報をもらえるはずだ。共謀罪という立派な法律ができれば、悪いやつをみんな捕まえられるようになるんだから、いままでもらえなかった情報をもらえるはずだ。この程度の話なんです（笑）。はたから見ると、本当に乱暴ですよね。

しかも、彼らは、9・11の同時多発テロをはじめ、脅威の形態が変わったから、内心に踏み込まないと治安を維持できないと信じている。これは、ある種の信仰ですね。多分、諸外国の情報屋さんとか、外交官も同じような発想をしている。

だから、彼らから見ると、パレルモ条約制定時に何が議論され、どんな文言解釈をしていたかなんて、二次的、三次的な問題にすぎない。条約解釈としていくら正論を投げかけたところで、響かないわけです。

木村　外務省としては、「国内の対策を強化しました」という雰囲気をつくりたかっただけなんですね。

佐藤　まさに大当たり。だから、もしも外務省の役人にとって厳しいと感じる批判があるとすれば、「あなたたちは雰囲気をつくりたいだけで、実定法として、きちんとしたものをつくるという発想はないだろう」という批判でしょう。

理性に基づく法治主義とは別の次元で、雰囲気をつくって事実を積み上げていく。こういう企図については、いまの政権はすごく長けています。反知性主義で、選挙で勝ったら王様だと思っていますからね。

法律の解釈も条約の解釈も国内問題ですから、諸外国は口を出してこないでしょうし、やりたい放題です。

木村　そうですね。条約は国家間の取り決めですが、国内で条約をどう運用するかについてまでは、諸外国は口出ししにくいでしょう。

佐藤　国内的にどれだけ問題があろうと、いままでもらえなかった外国の情報をもらえるとなれば、外務省としてはすべてＯＫなんです。

ただ、僕が思うに、諸外国ではこういうことはもう少し起きにくいはずです。なぜなら、ヨーロッパでは、法の支配や立憲主義の価値が広く理解されています。法律学や国際法を勉強している人も多くて、博士号持ちの外交官だってたくさんいます。だから、あまりにひどいことをやれば、大学などのアカデミズムのネットワークから、「これはひどいだろう」と一本電話が行って、思いとどまることもあるでしょう。

ところが、日本の外務省は、アカデミズムとのつきあいがほとんどありません。そもそも、日本では、大学で国際法を勉強する人が非常に少ないでしょう。

木村　そうですね。私が通った東京大学でも、いま教えている首都大学東京でも、残念ながら、国際法は法学部の全コースで必修科目になっているわけではありません。私が属していた公法コースでは必修でしたから受講しましたけれど。

佐藤　外務省のフレームの枠外で国際法に関わろうとしても、国際海洋裁判所[*6]とか国際司法裁判所[*7]とかとのご縁はほとんどないでしょうから、在野の国際法学者は、非常にやりにくいと思うんですよ。

木村　なるほど。

つくられた「何を言っても無駄」という空気

佐藤　今回のプロセスでわかったのは、国際法の解釈や運用については、日本の外務省が独断専行できてしまうということ。この点では、外務省は乱暴ですね。

さらに気になるのは、今後の警察の動きです。テロ対策はもちろんやりたいんだけど、オレオレ詐欺とか過激派対策とか、まだまだいろいろやりたいことはある。警察は、今回の法律に満足してないと思いますね。一番やりたいことがまだできないから。

木村　一番やりたいこととは、盗聴ですか。

佐藤　ただの盗聴ではなくて、行政傍受です。盗聴は、犯罪の嫌疑を認める司法の令状さえあれば、いまだってかなりできます。彼らは、司法に介入されずに、行政の判断で傍受する行政傍受をやりたいんですね。

木村　それは駄目でしょう（笑）。憲法は21条2項で通信の秘密を保障していますから、犯罪の具体的な嫌疑もなしに、行政が自前で判断する行政傍受を正当化するロジックは、にわかには思いつきません。

佐藤　いやいや、木村さん、憲法学者たちの間で、早いうちに警戒態勢をとっておかないとまずいですよ。知人のジャーナリストも、政府から行政傍受についてレクチャーしたいという申し出があったと言っていました。いまの政府が次にやるのは、行政傍受だと思います。

２０１６年に施行された改正通信傍受法では、通信事業者の立ち合いがいらなくなり、警察施設など捜査機関内で傍受することも可能になった。警察官の立ち合いでは、傍受の監視にはなりません。泥棒が泥棒を監視するようなものですからね。

ただ、ここまで緩和されても、警察はまだまだ足りないと思っている。テロやオレオレ詐欺のような機動性を有するものでは、令状をとっている間に相手が逃げてしまいますから。今回の共謀罪の審議でも、行間から、「行政傍受をやりたくてしようがない、これではまだまだ使い物にならない」という声が聞こえてきます。

行政傍受ができるようになったら、何を盗聴しているかも全然わからなくなります。今回の共謀罪レベルじゃすまないぐらいに、市民生活に影響を与えるでしょう。行政傍受の議論が出てきたときに、どこまで防衛線をはれるか。そこは気がかりです。

そういう意味では、木村さんが正しく総括されたように、共謀罪は雰囲気づくりだったと言えるでしょう。行政傍受をできるようにするための足場づくりです。

木村 なるほど。しかし、これほど世間の反発を煽ったのは、行政傍受の実現をかえって遠ざけたのではないでしょうか。せめて、共謀罪の対象犯罪を絞り込むとか、テロ対策というのはごまかしだったと正面から認めて反省するフリをするとか、もう少しマイルドな方法があったのではないかと思うのですが。金田勝年法務大臣（当時）の答弁は意味不明でしたし、さらに、委員会採決を省略しての強行採決というのでは、国民の警戒心を高めただけではないでしょうか。

佐藤 官僚たちに、高山さんのようなまともな意見に耳を傾けようとしない態度が蔓延していると思いますね。先ほど話に出た小澤さんの参考人質疑を見ていると、まるでバカみたいなことを言っていますよね。

木村 確かに、法務委員会での態度だけを見ると、かなりひどいですね。

佐藤　でも、小澤さんは本当にとても優秀な人なんです。自分が異常な発言をしているということは、認識していると思いますよ。

木村　バカなことを言っていると認識して、あえて言っているんですか。

佐藤　はい。バカな発言をするのが、自分の役割だと思っているのでしょう。たぶん、外務省の中でだれも矢面に立ちたくなくて押しつけあいになったので、小澤さんが「じゃあ、私がやるしかないですね」と責任を取ったのでしょう。外務省の連中は、判で押したように「いやあ、北朝鮮だって批准している条約ですから、これができてないと駄目でしょう」みたいなことを言って、国際協調っぽい雰囲気を押し出す。これで国内世論は煙に巻けます。

結局、彼らの中核にあるのは、「国内法の整備が不十分なせいで、外国のインテリジェンス機関から情報をもらえなかった」という信念です。本来であれば、この信念が正しいのかを緻密に検証すべきですが、「検証しなくても、国内世論は強く反発することはない」という非常にシニカルな状況認識がある。

結果的に、自分たちの信念を貫くために、バカげた参考人質疑でも、強行採決でも、何でもやるという、悪い意味での宗教的な態度になってしまう。その意味では、金田法務大臣は最高だったと思うんですよね。

木村　確かに、最高ですね（笑）。「何を言っても無駄」という空気をつくりあげた。

佐藤　そう、そう。この人からまともな見解が出てくるはずがない、と諦めさせた。しかし、その前の集団的自衛権の閣議決定をやった２０１４年ごろから比べると、明らかに霞が関の文化が変わってきましたね。あのときは、木村さんが正確に指摘されたように、横畠裕介法制局長官も、ぎりぎりのところで踏ん張ろうとしていた。

木村　そうですね。２０１５年の安保法制成立までの議論を見ていても、公明党の山口那津男代表は横畠長官から、法案の内容を限定するような言質を引き出していました。維新の党は、割とよくできた対案を突きつけていましたし、民主党や共産党などの野党も、徹底的に法案の問題をつぶしていました。日本を元気にする会などの小政党は、法案修正まではできなかったものの、重要な附帯決議をつけさせました。そういう意味では、国会での議論が、それなりに機能していたと思います。

だけど、今回の共謀罪の議論では、内容の不当さにもかかわらず、政府が有無を言わさずに押し切った感じがします。日本維新の会が修正案や附帯決議を出したものの、その内容は割と些細なものにとどまっていましたし、公明党も見て見ぬふりという感じでした。

佐藤　最初から見て見ぬふりですね。公明党関係者は、木村さんのところに来なかったでしょう。

木村　そうですね。

佐藤　私のところにも、全然来なかった。私は、公明党との関係はそんなに悪くないんですが、「警察は、ゆくゆくは行政傍受を言い出すでしょうね」なんて話を聞きたくなかったんでしょう。

木村　そういう話を聞いちゃうと、止めなくてはいけなくなりますもんね。

政権を支える「ナショナリズム教」の愚かしさ

木村　佐藤さんは、「検証すべきことを検証しない外務省の態度は、とても宗教的だ」と指摘されていましたが、これを聞いて私は、社会学者の橋爪大三郎さんの宗教の定義を思い出しました。彼は、宗教とは「検証のできない前提を置くこと」と定義しています。

佐藤　ああ、いい定義だと思いますね。そういうことになると思います。その定義では、宗教と価値論の区別[*8]がどこになるのかが問題になりますが、暫定的には非常に優れた定義じゃないでしょうか。

木村　この宗教の定義を前提にすると、最近の政権というか、政治の動きが非常に宗教的に見えます。

佐藤　そのとおりです。反証主義が適用されないことが次々と出てきている。要するに、神々の争いになっているわけですよね。神々の争いには調停者がいないから、暴力で決することになる。

木村 さすがに現代社会では「物理的な暴力」が出てくるわけではありませんが、代わりに、選挙を使っていますよね。有権者が、神々の争いを裁断する至高の存在。

佐藤 そう、選挙っていうかたちになる。しかし、その選挙も、意識的にか、無意識にか、マスメディアを用いた操作が行われる。

木村 選挙が、ある種の暴力として使われているということですよね。

佐藤 まさにそうです。暴力としての選挙であり、それ以外では文句は言えない。

木村さんは、沖縄の基地問題について発言する際に、単純な多数決の不当性を強調されていますね。特定の地域のみに負担がかかる問題について多数決で決めたら、他の地域の人はみんなでその地域に負担を押し付けようとするから、いくらでも不当な結果が出てきます。「選挙で勝ったら何をしてもよい」というのは、少数派に対する暴力です。

木村 選挙権は、個人の権利というだけでなく、公共のために行使する「公務」という性格があります。だから、本来であれば、自分の利害だけで投票すべきではない。でも、そういう公共性が失われた選挙は、数の暴力にすぎません。沖縄の基地問題は、そうした民主主義の欠点が出てしまっていますね。

いまの政治の動きの背景に「ある種の宗教」があるとして、その本質は何なのでしょうか。キリスト教や神道といった伝統的な宗教とは、だいぶ違うものだと思いますが。

佐藤　基本は、やっぱりナショナリズム教の偏執じゃないですかね。民族に偏執し、民族を国家に重ね合わせて、一種の法人国家論をとる。木村さんがおっしゃったように、法人は永遠の存在だから、法人としての民族も永遠に生きる。その理念のために尽くすことの素晴らしさみたいなことを表象する。

しかし、実態としては、自分たちの温かい椅子を守っているだけじゃないかと感じますけれど。

木村　自らの特権を維持する、その詭弁として、ナショナリズムに偏執していると。

佐藤　いや、彼らが詭弁だと認識してくれていれば、まだマシなんです。彼らは本気で、「自分たちがいなくなったら日本は崩壊する」と信じているのではないですかね。そこには、「主観的な願望によって、客観情勢は変化する」という「念力主義」みたいなものも入ってくる。

木村　例えば、「安倍政権が倒れたら経済がめちゃくちゃになる」みたいな命題を信じるということですか。

佐藤　そういうことです。「安倍政権が崩壊したら、その弱みにつけ込んで、北朝鮮が攻めてくる」とかもありますよね。

木村　そういう人たちとコミュニケーションをとるのは困難ですよね。

病理としての「反知性主義」

佐藤　客観的な認識を重視する法学者のような人たちに対して、彼らが何をしようと思うのかといったら、疲れさせることでしょう。「もう、いい。この連中を相手に話をしたって、何も生まれてこない」とあきらめさせる。ちゃんとした有識者たちが、徒労感でメディアに出る気をなくさせたら、彼らの勝利でしょうね。

木村　それはよくわかります。

佐藤　ナショナリズムの偏執にプラスして、「学校の成績がいいやつが嫌い」というのもありますね。権力の一番の中心にいる総理大臣と官房長官が、いつもこう宣伝しているんです。「勉強ができるやつは頭でっかちで、国のことをまともに考えていないし、経済のことも考えていない。あいつらの理屈に従っているから、日本は悪くなったんだ」と。

そして、彼らは信じているんです。日本に必要なのは、おれたちみたいに、清い心と強い意志をもった人間たちだと。

木村　「清い心と強い意志」というのは、事実に基づく理性的判断ではなく、直感と感情ということですか。

佐藤　そう。宇宙を直感するとか、靖国神社の英霊とつながっているとか、そういう感じでしょう。

木村　この病理現象を治療するには、どうしたらいいのでしょうか。

佐藤　病理現象の中にいる人には、解決策が見えるわけがない。だから、メタの立場に立たなくてはいけないですよね。しかし、それをやった瞬間、「上から目線だ」と徹底的に批判されますから、面倒くさいですよ。

ただ、その病理現象の中から、森友学園とか加計学園の騒動とかが出てくる。そういうのが続くと、さすがに「何かおかしいんじゃないか」とみんな認知するようになるんじゃないかと思います。

例えば、２０１７年の都議会選挙の最後の日、秋葉原で演説する安倍総裁のところに森友学園の籠池泰典[*9]・前理事長が現れて、「１００万円返したい」と札束を出した。安倍総裁からすれば、侮辱的であると同時に、「あいつをしょっぴく法律がないなんて、日本の法律はどうなっているんだ。国家元首侮辱罪とか不敬罪をつくるべきだ」ぐらいの感覚だと思いますよ（笑）。警察は、きっと「ぼやぼやしていないで、何か理由をつけて早くぶち込めよ」って怒られたでしょうね。

「俺の目障りになるやつは、みんなぶち込め」と思っていても、さすがにできないというのが、不十分ながらも法治国家ができている証です。籠池さんのような事件が起きる限りにおいては、まだ大丈夫。ああいう人が出てこないとなると、いよいよ法治主義が崩れて、粛清が始まっているってことでしょうね。

木村 政権中枢部が、直感と感情でもって政治を動かせるという現象は、一時的な反動なんでしょうか。それとも……。

佐藤 一時的な反動であってほしいですけれども、そうじゃない可能性も十分にありますよね。今後に影響を与えるのは、安倍首相の信念でしょうね。安倍首相は、ことあるごとに信念を強調しています。いまの政権中枢は、安倍総理に限らず、一生懸命であることは間違いありません。ただ、彼らは、それが何に向かっているかということは見ない。危険な傾向だとは思います。

3　トランプ政権とアメリカの宗教

トランプ大統領は神に選ばれたのか

木村　シンポジウムのときに印象的だったのが、アメリカ社会における宗教の話でした。トランプ政権の中枢、というか、トランプ自身は、実は非常に強いある種の宗教心をもちだと。

佐藤　そうです。トランプはカルヴァン派ですから、バプテストとメソジストが主流のアメリカの中では、トランプはちょっと異質な存在です。キリスト教に詳しくない人からすれば、全部同じプロテスタントに見えるかもしれませんが、プロテスタンティズムには、旧プロテスタンティズムと新プロテスタンティズムの2系統があります。

旧プロテスタンティズムは、領邦教会制度、すなわち、国家によって公認された国教会としてスタートした教会で、ルター派とカルヴァン派です。新プロテスタンティズムは自由教会と呼ばれますが、国家の庇護を受けないことに特徴があります。教派で言うと、バプテストとかメソジストになります。新プロテスタンティズムの人たちが旧プロテスタンティズムの世界から逃げて建国したのがアメリカですから、アメリカでは、こちらが主流なのが当然なんです。

バプテストは、イギリスで発展した個人の良心を大切にするグループ。これに対して、メソジストは、イギリス国教会から分かれた個人の改悛を重視するグループ。これに加えて、アメリカだけで発展したユニテリアンというグループがあります。先ほどお話に出た橋爪さんは、ユニテリアンです。ユニテリアンは、「イエスは神の子である」などと、検証不能な非合理的なことは言わずに、孔子や仏陀と並ぶような先生の一人だとするのが特徴です。

それに対してトランプは、旧プロテスタンティズムのど真ん中のカルヴァン派です。カルヴァン派の特徴は予定説です。つまり、人は生まれる前から、神の国に行くよう選ばれる人と滅びる人とがちゃんと決められている。しかし、われわれはそれについて知らない。世俗的な仕事で成功することによって、間接的に知ることができると。

だから、トランプの目からは、自分が大統領まで登りつめるのは、自分が選ばれているということの証明に見えているはずです。世の中の圧倒的大多数、特に知的訓練を受けた人から見れば、トランプがやっていることは権力の私的な濫用に見えるでしょう。でも、トランプからすれば、自分は選ばれている人間であるから、やりたいことをやるのは当然のことだし、むしろ、神との関係で責任を果たしているということになる。

ちなみにアメリカの歴代の大統領でカルヴァン派だったのは３人です。20世紀の大統領だと、まず、ウッドロウ・ウィルソン[*10]。彼は国際連盟をつくるために、並々ならぬ力を尽くしました。

木村　それは、宗教的な使命感だったんですね。

佐藤　そう。神との関係において、「二度と第一次世界大戦のようなことを起こしてはいけない」と考え、それを使命と受け止めた。だから、ウィルソンは、アメリカ議会で批准されない可能性があるのを織り込み済みで、国際連盟に尽力するんです。「たとえ国民の支持を得られなくとも、神との関係においては正しいことをやっているんだ」っていう信念がありますから。

カルヴァン派の二人目の大統領は、ドワイト・アイゼンハワー[*11]です。

木村　アイゼンハワーもですか？

佐藤　そうです。第二次世界大戦でのノルマンディー上陸作戦は、２００万人の兵を危険にさらす、大胆な作戦でした。当時から、「ノルマンディーは危ないから、他の場所を」という話があったんです。

木村　軍事的には、他の選択肢もあったんですね。

佐藤　ええ。作戦の遂行時期についても、もう少し待つべきという話もありました。西部戦線の奪還は、東側でソ連がドイツを疲弊させた後でやればよいという考えです。

しかし、アイゼンハワーは強力な反共産主義者ですから、ソ連の影響力を抑え込むことを含めて、「いまここでやらなければならない」と強行した。彼には、「うまくいくはずだ」という、ある種の直観があったのでしょう。

木村　確かに、言われてみるとそうですね。トランプには、やはり通じるところがありますよね。アイゼンハワー、ウィルソン、トランプ。トランプがカルヴァン派だったことは、今回の政権掌握プロセスに、どのような影響があったのでしょうか？

佐藤　要するに、めげないことですね。例えば、予備選挙で男のいちもつの大きさをめぐる論争なんてしたら、普通の人間だったら、うんざりするでしょう。でも、彼は嫌にならない。彼自身を突き動かす動機の強さが特徴だと思います。

それから、彼は非常に勤勉ですが、その勤勉さの動機は蓄財ではありません。「勤勉に社会的貢献がしたい」という思いが、主観的には強いんです。だから、普通の人なら恐れるものを、彼は恐れない。

大統領になるためには、経済政策や外交政策の準備をしっかりしないといけませんから、並の人間なら、準備もせずに大統領になるのは怖いはずです。でもトランプは、「自分は神に選ばれている」と信じているから怖くないんでしょうね。

安倍政権を取り巻く「愛の世界」

木村　なるほど。ちなみに、トランプのそうした態度は、安倍政権に見られるナショナリズム教の偏執と似ているのでしょうか。一般的には、トランプ現象と安倍政権の乱暴な動きは、同時期にそれぞれの国で起こった社会現象として、反知性主義などの類似性を指摘されることが多いように思います。しかし、佐藤さんのお話を伺っていると、ちょっと違う気もしてきました。

佐藤　似ている面もあるけれど、違う面もあるでしょうね。安倍さんの中にある神がかり的な要素は、トランプのような超越神に対して付属したものではない。やっぱり、祖父である岸信介の思いを実現したいとか、あるいは、祖父を超えたいとか、そういう自分の血統に由来する思いのほうが強い感じがします。忠孝でいうなら、どちらかというと、日本的な忠ではなくて、孝のほうですね。

なぜ安倍政権が続くのかと言えば、そういう安倍さんを支えることが自分たちにとって利益だと考える利益集団がいるからです。経団連もそうかもしれないし、読売新聞や産経新聞もそうかもしれない。

さらに、もう少しコアな支援者、例えば補佐官、秘書集団の中の原理は、ホモソーシャ[*12]ルな愛の世界ですね。「いかに安倍さんの寵愛を勝ちうるか」を競う、ホモソーシャルの大奥みたいな感じです。

木村 トランプの中にある「神に選ばれた」という感覚とは、ちょっと違うものなんですね。

佐藤 そうですね。安倍さんの中にあるのは、アニミズム的なものと、部族宗教的なものとが合わさったようなものだと感じます。

例えば、総理の周辺の秘書官連中には、いま、総理から「この5階の部屋から飛び降りろ」と言われたら、迷わず飛び降りそうな勢いがある。それを見て安倍さんは、「かわいいやつだ。本当に俺のことを愛しているんだな」となる。安倍政権は、そういう感じで成り立っている愛の共同体みたいな感じだと思いますよ。この現象を外から見ると、極めてグロテスクに見えるんですけれど、中から見ると、光り輝いているのでしょうね。

だから、安倍さんが追い詰められる状況になったら、「われわれの愛によって、何がなんでも安倍さんを守るんだ」みたいな感じになってくるでしょうね。

木村 政治にはある程度、愛の世界はありますからね。

佐藤 愛の世界があるんですよ。しかし、その愛は、国家愛とか国民愛とか世界愛とか、勝手に同心円を描いていますからね。知的な訓練がなされていると、身内の偏愛にならないように少しは改められるのですけれども、安倍政権ではその歯止めが全然かからない。それがかえって、この政権の強さになっているると思いますね。

４　ＡＩ技術開発規制の未来

ＡＩ技術開発に倫理的な規制は必要ない

木村　自分たちの信念に対する歯止めという話が出てきたので伺いたいのですが、山川さんは、ＡＩ研究に対する不当な規制を懸念なさっていました。もちろん、ＡＩ開発は倫理に関わりますから、一定の規制は必要です。しかし、不合理な規制がかかれば、国際競争の中で大きく後れを取ることになってしまいます。

佐藤　はっきり言って、僕は、倫理によって研究開発を縛る必要はないと思います。なぜなら、日本国内で倫理による規制をしても、他の国はそんな規制に縛られません。危険な研究に関しては、その研究の結果、どういうものが生まれるかを社会に対して提示して、それに対して社会が判断を示す。こういう方向で進めるべきだと思うんですよ。

昔、こんなことがありました。

物理学者の湯川秀樹[*13]が、原水爆開発は人類を滅亡させる非人道的なことだから、科学者はそれに関連する研究を自発的に放棄すべきだと主張して、喝采された。これに対して、マルクス経済学者の宇野弘蔵[*14]は、その考え方は科学者のおごりであると批判した。日本の科学者が研究を放棄しても、別の国で別の科学者が開発すれば、同じことになる。自分たちが開発をやめればよいと考えるのは、自分たちにしかそれを開発できないというおごりだと。宇野は、科学者がやるべきことは研究をやめることではなく、もしそれができた場合に、どういうような被害が生じるのかを具体的、実証的に明らかにして社会に提示することだと主張した。それをどう判断するのかは、市民社会の役割だろうと。

宇野はマルクス経済学の研究者だったわけですが、「自分の仕事は革命を煽ることではない」と認識していました。資本主義システムにどのような問題があるかを指摘し、例えば、恐慌がシステムとして起こることを証明する。そこまでが研究者の仕事であって、その先の判断は市民社会に委ねるんだと主張しました。

この考え方は、ものすごく新[*15]カント派的な発想ですけど、ＡＩ研究だって、そっちの方向で行くべきだと、私は思います。そうでないと、恣意的な介入がなされるでしょうから。

木村　その考え方は、私もよくわかります。

佐藤　それでも、最低限の規制が必要だとしたら、ミルの「愚行権」[*16]で考えるべきだと思います。要するに、たとえ、ある種の価値観から見れば愚かな行為であろうとも、他者に対して具体的な危害を及ぼさない限りは、原則としてどのような研究も認められるべきである、という原理です。

木村　研究規制を法制化するとなれば、具体的にどのような規制をするかを決定するのは政治の役割です。いまの政治状況は、研究規制の合理的な在り方を考える上で、いいんでしょうか、悪いんでしょうか。何でもありのポストモダン政権と見るなら、案外プラスかもしれないし、妙に強い宗教的信念に突き動かされているという面から見ると、マイナスかもしれない。

佐藤　私は非常に悪いと思います。例えば、政府は、「安全保障と学術に関する検討委員会」[*17]という有識者会議を設置して、大学や研究機関と協力して軍民両用技術の開発を進めようとしています。これに対しては、いろいろな大学が抗議声明を出しています。産学軍共同なんていうことになれば、軍事研究のほうにシフトしてくる可能性が大いにありますよね。

木村　ナショナリズムの偏執政権である現政権の下では、研究を軍事優先のようなかたちで歪ませる危険が高いということですね。

佐藤　その可能性はありますよね。極端なことを言えば、「アラブ人にはテロリストが多い」

という偏見をベースに、ＡＩにアラブ人の特徴を認知させて、アラブ人だけを標的として
攻撃する兵器なんていうのは、比較的簡単につくれますよね。いまの政治状況では、こう
した一種の人種主義とつながるような研究を進めかねません。

だから、科学者がやるべきことは、その研究を自らやるのではなくて、その研究をやっ
た場合に、どういうことになるのかを社会に提示することです。その兵器がアラブ人だけ
ではなく、普通の人にまで向けられる可能性を提示するのか、あるいは、アラブ人への差
別に基づく兵器は、人間の尊厳に照らしてよくないという議論を提示するのか、その辺は
個々の科学者次第です。場合によっては、科学者が、リスクを過小評価して、社会を軍事
産業拡大に誘導する危険性もあります。もちろん、きちんとした研究者には、そちらに手
を染める人は少ないだろうとは思いますけれど。

木村　先ほどおっしゃっていたように、科学者にとって大事なのは、研究しないことではなく、
研究の帰結を提示して、社会に対して自制を促すことなんですね。

ただ、いまの政権の状況だと、共謀罪のときの高山さんのように、どれだけ専門的な知
識に基づいて適切な議論を提示したところで、無視される可能性があります。

その可能性は非常に高いと思います。平たく言うと、無知蒙昧主義の意味での反知性主

佐藤　義。客観性、実証性を軽視、もしくは、無視して、自らが欲するように世界を理解する態

302

度と、こういうふうに理解しておいたほうがいいと思います。

日本を埋め尽くすアジテーション合戦

木村　そうすると、研究者は学問的に真摯であるだけでなく、かなり次元の低いところで戦う必要もあるということですか。

佐藤　そう。あえて、次元の低い話をせざるをえない。これは神学的な発想なんですよ。レーニンは非常に優れた宗教センスをもっていた人で、彼は『なにをなすべきか？』（大月書店）という本の中で、扇動＝アジテーションと宣伝＝プロパガンダを分けているんです。

木村　どう違うのですか。

佐藤　アジテーションは、多数の人に対して口頭で煽ることです。アジテーションにおいては、「共産主義は私の宗教だ」って言ってもかまわない。ともかく感情を掻き立てるのが重要ですから、例えば、「どこそこの工場でこんなひどいことが行われている」ということに焦点を当てる。

これに対して、プロパガンダは、少数の政策決定者がインテリに対して、活字で説得することです。プロパガンダでは、「宗教は虚偽の意識である」ということをきちんと説明する。そして、観念的に社会構成の問題を強調して、「こうした悲惨な状況が生じるのは、個々の工場長が特別に悪いやつなのではなく、社会構成の問題だ」と説明する。

こうやって、対象によって説明のしかたを変えるんです。

この観点から見たとき、安倍政権はプロパガンダにはほとんど関心がないんです。すべてをアジテーションで乗り切れると思っている（笑）。これに対して、政府に異議申し立てをする人たちは、プロパガンダで説得しようとする。しかし、政府はアジテーションで答えてきますから、永遠にかみ合わないんですよね。

木村 かみ合うとしたら、「安倍死ね」みたいなアジテーション合戦になってしまうと。

佐藤 そう、そう。対極側もアジテーションになってしまうんです。いまは、アジテーション合戦になりつつあるわけですよね。

本来であれば、安倍政権を支える官僚たちは、論理や法理の力で政権の議論を支えないといけないんですけれども、ホモソーシャルな愛の世界にエネルギーを注入させられちゃっているので、アジテーションに走るんですね。

木村 それは、官僚機構が弱くなっているということですか。

佐藤 政治家が、官僚を弱くしちゃったんです。その元凶はいたって単純で、２０１４年設置の内閣人事局ですよ。それまでは各省庁の自律性と政治的中立性を尊重して、政治が口を出すにしても、局長級以上の約２００人分の人事に限られていた。だから政治的な介入はもちろんあるにしても、専門集団としての官僚に職業的良心がそれなりに維持されていた。例えば刑法の専門家である高山さんが疑義を呈すれば、同じ土俵で議論しようと努めていた。そうした職業的良心は、集団的自衛権のときの横畠法制局長官にもあったでしょう。
　ところがいまは、審議官級以上約６００人の幹部配置を首相官邸が一括管理することになりましたから、愛の共同体の人たちが官僚を牛耳っている。そこでは、専門集団としての職業的良心は失われつつあるということです。

木村　憲法の専門家としては、頭の痛い話です。私はやはりアジテーションには与さずに、きちんと理を説いていきたいのですが、それを受け止めてくれるはずの官僚機構がもはやないとすれば、将来の見通しは厳しいですね。その一方で、一般向けの書籍や、市民に向けた講演会などを通じて、心ある一般の人々に丁寧に語りかけることに手ごたえを感じていますので、地道に頑張りたいと思います。

圧倒的な技術格差を覆す「死後の生」

木村　ＡＩと倫理の話にちょっと戻りたいのですが、理性による歯止めが利きにくい政治状況の中でＡＩが発達すれば、それがテロや戦争に使われる可能性が高いでしょう。キラーロボットについて、ヒューマン・ライツ・ウォッチの土井香苗さんなどは、かなり危機感をもっているようです。佐藤さんは、人を殺すことに人工知能が導入されることで、これまでと何か違うことが起きると思いますか。

佐藤　本質的な違いはないと思います。例えば、イスラエルでは、無人飛行機＝ドローンから爆撃をしたりしていて、それに近い状況が起こっていますから。

違うのは、非対称性がよりいっそう強まることです。乱暴なことを言うと、いままではアメリカ人が10人死ぬのに対して、「イスラム国」の死者は1000人だったとしましょう。これが、AI技術の進歩によって、アメリカ人がゼロで、「イスラム国」は1000人になりうるわけですね。

それを前提に、キラーロボットができたときに何が起きるかを、イスラエルの状況から考えてみましょう。現状では、イスラエルは、兵器体系においては周辺の勢力を圧倒しています。イスラエルは、核弾道ミサイルを200～300発はもっていて、地中海やペルシャ湾には、ミサイル攻撃ができる潜水艦が潜んでいます。イランが核開発をしたと騒がれていますが、イランが一つや二つ核弾道ミサイルをもったからといって、本気でイスラエルと武力衝突になれば、イランという国がなくなることは明白です。でも、イスラエルはイランの動きを止めることはできていない。これはイランに限ったことではなく、イスラエルは、パレスチナもハマス[*18]も破れていません。

兵器では圧倒的に勝るイスラエルが、イランあるいはパレスチナやハマスを抑えることができないのはなぜかと言ったら、彼らが死後の世界を導入しているからでしょう。合理的に考えれば力の差が歴然としていても、死者と連帯している彼らは、無理を承知で戦えるんですよ。

ここから考えると、ＡＩによって完璧な兵器をつくりあげて、こちら側の死者がゼロになるとしても、向こうは「死後も生きる」っていう宗教的な原理を採り入れてくる。そうなると、こちら側は完全な殲滅《せんめつ》戦でしか勝利がありえないということです。でも、それが技術的に可能なのかと問われたら、どこかしらに穴ができてしまって、失敗するんじゃないかと思いますね。

木村　ＡＩ技術によって非対称性が強まれば無駄な争いがなくなるかというと、そうでもなくて、弱い側が死者と結びつくことで、死をも恐れぬような争いが続くということですね。

佐藤　そう思います。それと同時に、新自由主義的なトリクルダウン[*19]と一緒で、技術移転が起きるので、少しのラグはあるにしても、必ず弱い側がその技術を手に入れるでしょう。例えば、「イスラム国」はいま、情報戦においてはインターネットを最大限駆使してリクルートをしています。殲滅する前に、相手も同じ力を手にするだろうということを、忘れてはいけません。

5　テロ対策と民衆の復元力

政府が恐れる「死者との連帯」

木村　「イスラム国」によるインターネットの駆使と言えば、「イスラム国」の領土支配自体は、もはや壊滅的であるにもかかわらず、欧米でのテロが相次いでいます。テロの実行犯は、必ずしも「イスラム国」と明確な接点があるわけでもない。それなのに、インターネットでの呼びかけに感化されるなどして、銃を乱射したり、トラックを暴走させたりといったテロ事件を起こしてしまう。彼らは何らかの理由で社会に対して不満を抱いているのでしょうが、そうした人々によるテロ行為は、どうしたら未然に防げるのでしょうか。

佐藤　いや、防ぐ手段がないんですよ。だから、日本政府は、イスラム法学者[*20]が若者を「イスラム国」に送ろうとしたとき、私戦予備・陰謀の規定を無理やり使わざるをえなかったでしょう。

木村　そうですね。あの事件では、たとえいまの共謀罪法の下でも、「組織的犯罪集団の共謀」が認定できるかどうかも微妙なので、取り締まりは難しいですね。

佐藤　テロ組織の一つのやり方として、メンタルに問題をもっている人、特に自殺傾向のある人を見つけてくることに力を入れています。できれば、極力若い人がいい。そういう人に対して、自殺は人生の敗残者がやることだと諭す。「みじめな自殺の代わりに、永遠に生きることを考えないか」と呼び掛けて、テロに引き込んでいくわけですよね。

木村　そうすると、現代型のテロを防ごうと思うなら、共謀罪的なもので取り締まろうとするよりも、病んでいる若者対策みたいなことをやったほうがいいのではないでしょうか。

佐藤　そのとおり。イギリスなどでは、行政サイドがインターネットパトロールなどをしています。

木村　「イスラム国」の関係者と連絡を取るなど、テロに引き込まれる危険のある人を見つけた場合、政府はどう対応するんですか。罰するんでしょうか、それとも、カウンセリングなどの支援をするんでしょうか。

佐藤　形式的には任意同行を求めるけれど、少しでも抵抗したら公務執行妨害の現行犯で逮捕するみたいな感じで、予防拘禁するようなやり方をやっていると思います。だから、イギリスでは、多少は事件が起きても、まだ抑えているほうなんでしょう。

この問題は、ＡＩ兵器の問題ともすごく関係してきていると思います。ＡＩは、死を恐れない存在だから、軍事をやる人間から見て非常に魅力的なわけでしょう。それと同じことが自殺志願者によるテロにも言える。自爆テロの強さは、退路を確保しなくていい点にあります。退路を確保しなくていいなら、ものすごく強い攻撃ができますから、魅力的なはずです。

死ねばあの世での幸福が待っていると信じて、死ぬのを隣の家に行くぐらいの感覚でとらえるテロリストがいる。これに対抗する勢力は、ＡＩ技術によって、命を失わないですむという状況をつくろうとしている。そうすると、向こうの勢力は、ますます死者との連帯を強めるでしょうね。

木村　私自身は、死ぬことに希望をもつという感覚が実感できないんですが、死者との連帯というのは、それほどリアリティがあるものなんでしょうか。

佐藤　もちろん、そこにリアリティはあります。例えば、日本でマックス・ウェーバー[*21]の紹介を一生懸命やった歴史学者の上原専祿[*22]・元一橋大学教授は、最晩年に、『死者・生者――日蓮認識への発想と視点』（未來社）という本を書いています。

上原は一橋大学の前身である東京産業大学の学長も務めた人で、全共闘[*23]なんかの学生の異議申し立て運動にも好意的でした。奥さんが末期がんで亡くなるのですが、治療のためのチューブだらけになった奥さんの傍らにいながら、何もできない。そのときに、彼ははたと気づくんですよね。いままで死者のことを考えてなかった、われわれは生者のことしか考えてなかったと。そこから、すでに死んでいる人間に対して連帯していくことを考えないと、歴史は成り立たないんじゃないかということを書きはじめるんです。そして、それを実践するために、死者とのコミュニケーションをとらないといけないということで、四国の札所回りをする。こういう人なんですよね。彼の著作を読んでいると、死者との連帯のリアリティが見えてきます。

科学の発展に宗教的エネルギーは必要か

佐藤　それから、もうひとつ別のかたちだと、ニコライ・フョードロフ[*24]という思想家がいます。彼は、ドストエフスキーやトルストイにも影響を与えて、「モスクワのソクラテス」と言われた人です。オウム真理教にも影響を与えていると思います。ニコライ・フョードロフは、１８２８年生まれの図書館司書なんですが、本を読むのが大好きで、毛布だけをもって、図書館の中に住んでいたんです。彼は目立つのが嫌いで、生前にはまとまった原稿を発表しなかった。給与を全部学生たちにばらまいちゃうような人だったんですが、彼の死後、弟子たちが『共同事業の哲学』という本を編纂して出版しました。

それによると、近未来において、自然科学の発達の結果、万人を復活させることが可能となる。人間の始まりのアダムとエバから、たったいま死んだ人間まで、全員を復活させるとなると、地上の土地も空気も足りなくなる。この宇宙には地球のような惑星が必ずあるはずだから、惑星間移動させるしかない。そこから、ロケットを考えるんです。ロケット工学の根っこには、ニコライ・フョードロフがいて、それが、ロケット工学の基礎を築いたコンスタンチン・ツィオルコフスキー[*25]や、ヴェルナー・フォン・ブラウン博士[*26]に引き継がれていくんですね。

旧ソ連においては、ニコライ・フョードロフの神秘思想の部分は枝を切り落とされて、ロケット工学を考えた人間として出てきます。でも、死者との連帯とか、死者の復活という発想がなければ、やっぱり、弾道ミサイルは出てこなかったわけです。そうした技術の根っこの部分には、やっぱり宗教的な部分があるんです。

木村 そうなると、AIが自律的な知性を身につけるためには、なんらかの宗教が必要だという話になる可能性もあるんですね。確かに、理論的な演繹は、ある意味、同じことを言いかえているにすぎませんから、本当に新しいことをやるには、これまでの理論にはない不合理なことが出発点にならざるをえないのかもしれません。

佐藤 宗教的なものから生まれるエネルギーって、すごいんですよ。木村さんは、ボウリングはやります?

木村 やらないです。

佐藤　ボウリングって、もともとはルターが考えたんです。初期のピンは九本で、悪魔を象徴していた。「ボールを転がして悪魔を倒すんだ」って、みんなが熱中したんです。

ところが、それがアメリカに渡ったら、世俗化して賭けの対象になった。賭けに熱中する人が多すぎて風俗を害するというので、アメリカではボウリングを法律で禁止した。その法律をすり抜けるために、１本ピンを足して、いまの10ピンボウリングになったわけです。

宗教的なものというのは、だんだん、だんだん世俗化されていくんだけど、根っこにある宗教的なものから、いろいろなエネルギーが生まれてくることがある。だから、逆に、近代的な合理主義、生命至上主義、一種の個人主義といった、いまの社会で常識とされている価値観を崩すことも、ちょっとした操作でできてしまうんですね。

ネットパトロールでテロを防げるか

木村　日本国内で普通に暮らしていた人が、ふとしたきっかけでテロリストになることがあるということですね。

佐藤　そういうことですね。そういう人が出るのを止めるのは、不可能でしょうね。止めようとしたら、予防拘禁みたいなものになってしまいますから。

木村 超強大な予防拘禁と思想弾圧が必要になると。

佐藤 そういうことになる。精神科医の香山リカさんは、一定程度テロリストが発生するのは、しょうがないから、内心には踏み込むな。そういうラインで行くべきだとおっしゃっていますね。それも一つの考え方ですよね。

木村 徹底的な対策の弊害のほうが、テロの危険より大きいという考え方ですね。

佐藤 だって、よく考えてみたら、テロで死ぬ人よりも、交通事故で死ぬ人数のほうが圧倒的に多いはずでしょう。合理的に考えるなら、テロのリスクを心配するよりは、浴槽で滑って溺れ死ぬことを心配したほうが、リスク管理としては現実的かもしれません。

木村 憲法の歴史を振り返れば明らかですが、個人の内心に国家が関心をもつのは、確かに問題が多いんですよね。

佐藤 私は決して「予防拘禁しろ」とか主張するわけではないけれど、やっぱり、国家が思想、内心の問題に目を向けざるを得ない時代だとは思いますよ。例えば、イスラエルは、検索エンジンシステムで監視しています。イスラエルでも、ロシアから渡ってきたユダヤ人がイスラム教に改宗して、ローンウルフ型のテロリストになるような例がありますが、彼らはテロを実行する前日か当日に、ネットに書き込むんです。そうした書き込みでは、コーランのフレーズにだいたいパターンがあります。それを検索エンジンシステムにかけて、ネットパトロールしているわけです。

木村　疑わしい書き込みがあると、武装警官が出向いて事情聴取する。専門家が聞けば、最初の5分ぐらいで、いたずらでやっているのか、本物なのかがわかるらしいです。いたずらだったら、「いい加減にしろ」と厳しく注意して終わり。でも、本気だったら、連行ですね。

佐藤　日本にはそれができる人材はいるのでしょうか。

木村　いると思いますよ。警察はすでにイスラエルやアメリカからシステムを購入していると思います。インターネットの公開情報空間のところをパトロールするのには、何も法的な縛りはないですから。

佐藤　確かに、街のパトロールと一緒で、行政警察活動の範囲内でしょうね。

潜在的テロリストをプロファイル

佐藤　先ほど、警察が本当にやりたいのは行政傍受だって言いましたけれど、本当のことを言うと、行政傍受はテロ対策にはそれほど役に立たない。一番危ないテロは、ネット空間で見つかるというのが、この業界の専門家たちの見方です。

というのも、本格的なテロを行う人間は、巧妙に計画を隠すので、盗聴されている可能性が高い電話なんて使いません。これに対して、素人がやるテロは、適切にパトロールしていれば、未然に防ぐことができるかもしれない。素人のやるテロには、ローンウルフ型とローカルネットワーク型があるわけですが、ローンウルフ型のテロリストは、電話でだれかに相談したりしません。ネットの情報に感化されて、ネットでコミュニケーションするんです。ローカルネットワーク型のテロは、夫婦や兄弟姉妹といった非常に狭い人間関係の中で計画が進むので、やっぱり電話なんか使わないんです。

木村 口頭のコミュニケーション。

佐藤 そうです。テロを察知するのに一番効果的なのは、テロ実行の直前ぐらいに書き込まれるインターネット上の遺書です。彼らがテロをするそもそもの理由は、承認欲求にありますから、「私は命をかけてジハード（聖戦）を戦う」ということを、かなりストレートに書き込むんです。

木村 やはり、「世間に自分のことをアピールしてから自殺しないと意味がない」と感じるわけですね。それが警察からすると、プロファイリングして見つけるチャンスになると。

佐藤 どちらかというと、「見つける」っていうことが、「プロファイリングしていく」ということになるわけですよね。

でも、嫌な時代ですよね（笑）。時の政権からすれば、例えば、安倍政権を倒そうとする人も、テロリストの仲間みたいなものでしょう。テロリストのプロファイリングが進むというのは、政権批判する人たちのプロファイリングがいつ始まったっておかしくないということです。それを避けたければ、「ネットにはよけいなことは書かない」を徹底するぐらいしか、防衛策がありません。

木村　ローンウルフを煽っている「イスラム国」などは、テロを確実に成功させるために、直前に遺書をネット公開させるのをやめさせようとはしないのでしょうか。

佐藤　隠匿を徹するところまでの信仰をもたせるのは、なかなか難しいみたいです。やっぱり、「死ぬ前に自分のことを認知してもらいたい」っていう欲望が人間には強いですから。

でも、世間に対する承認欲求が弱まって、「あの世でアッラーに認められればいい」というぐらいまでの信仰心をもつ人が多数派になってきたら、プロファイリングもできないでしょうね。

木村　「世間にどう思われるかは関係ない」という境地にまで至るには、相当な信仰心が必要ですよね。

テロを止めるなら自殺志願者をケアすべき

佐藤　そこまで人を育てるのは大変なので、いまは自殺志願者を使うわけですね。自殺というみじめな死ではなく、ジハードによって永遠に生きることになるんだというレトリックを使う。レトリックに乗せられて実行しているだけですから、彼らは、イスラム教の教義のことなんか全然わかってない。ジハードを成功させるために徹底的に隠蔽しようと思えるほどの信仰心はないんです。

ただ、成果は上がります。いまの日本では、交通事故の死者は5000人を切ったのに、自殺者は相変わらず2万人以上います。その人たちにアプローチすれば、日本でも一定の打率で、テロリストを育成できる可能性はありますよね。

木村 テロを本気で防ごうと思うのだったら、共謀罪なんかをつくるよりも、自殺志願者に公的にリーチ・アウトしていく方法を考えていったほうが役立ちそうですね。テロをやらせたいと思う人たちよりも先に、国家が自殺志願者の承認欲求を満たしてあげれば、テロリストにならないですむでしょう。

佐藤 現実的に考えれば、イスラム関係者を監視するよりも、自殺志願者に対するケアを充実させていったほうが、相当テロを防止できると思います。

それから、もうひとつの方法としては、自殺幇助罪の適用を拡大すること。自殺しようとしている人間を思いとどまらせずに、自殺に向けて加速させるのは犯罪だと思うんですよ。

木村 なるほど。自殺志願者を利用しようとすることを犯罪化するんですね。

佐藤　そう、そう。だって、自殺志願者は、オレオレ詐欺など、ほかの犯罪にも使えますから。

本気でテロ対策を考えるなら、こうした議論を公共圏できちんとすべきだったと思います。気になるのは、一般の人が、内心に国家が介入することへの危機感が薄いことです。先ほど述べた、「仮にテロが起きたって、内心を踏み荒らす法律をつくるよりはまだマシだ」という香山さんの発言は、別にレトリックで言っているわけではないと思います。精神医療の現場では、保護入院、措置入院に対して非常に抑制的です。相模原の障がい者施設殺傷事件が起きても、安易な措置入院拡大には踏み込まない。それが、精神科医たちの良心とコンセンサスです。安易に措置入院を拡大したら、国家がどう濫用するかわからないと、精神科医たちは、その恐ろしさをわかっているということでしょう。[*27]

木村　古典的には、行政傍受とか予防拘禁とか措置入院とかを拡大しない、させないということは、専門家がそれぞれの分野で良心的に守ってきた分野だということですね。

佐藤　本当にそうなんですよ。専門家の存在は大切です。

民衆の力が民主主義を復元する

佐藤　その一方で、僕は、日本の民衆の力を過小評価するのも、間違っていると思います。例えば、私が捕まった２００２年ごろは、「特捜神話」が絶頂の時代でした。

木村　厚生労働省の幹部だった村木厚子さんが逮捕された障がい者郵便制度悪用事件[*28]が2009年ですから、そのころの特捜部には「巨悪と戦うヒーロー」のイメージがあって、国民の信頼性も高かった。

佐藤　そうです。堀江貴文[*29]さんには、「自分のときはみんなが意見を聞いてくれた。これは、佐藤さんや、鈴木宗男[*30]さんの事件があったからだ」と言われました。

私は、裁判には負けても、きちんと社会に訴えたから、「特捜ってこういうことをやっているのか」という社会の印象が強まった。だから、私が、いま、生き残って、ここで木村さんと対談できているのは、わが国の民衆のおかげなんです。わが国の民衆が健全に機能していなければ、特捜に捕まった過去のある人間なんて、二度と公共圏に出てこられないでしょう。

木村　究極的には民主主義ですか。

佐藤　そう。民衆の力です。人間というのは、自分の体験から離れられない存在だと私は思います。そして私は、自分自身の経験から、日本の民主主義社会、社会に対する信頼がすごく強いんです。抹殺されているはずの人間なのに、民衆の力のおかげで生きられている。

私自身、『国家の罠 外務省のラスプーチンと呼ばれて』（新潮社）を執筆していた2005年当時は、それが受け入れられるなんて思っていなかった。「引かれ者の小唄」

で終わると思っていたんです。それでも、記録を残そうとしたのは、自分の同僚と部下たちだけには、何が起きているかを話したかったからです。そういう意味では、私的なメモでもよかったかもしれません。でも、自分を支援してくれた人たちは外務省の人じゃないから、守秘義務の範囲内で書かなければいけなかったんです。それなら、一般向けの本を書いたほうがいいかなという気になって、本にしました。

木村　すごいヒット作になりましたよね。

佐藤　担当の検察官が面白い人で、「検察官は事件をつくる誘惑にかられる」といったことを率直に言ってくれる人だったのも運がよかったですね。私は比較的、記憶力はいいので、それを正確に復元することができたんです。

木村　佐藤さんは、ご自身でおっしゃっていましたが、カルヴァン派で逆境に強いんですね。苦しいときこそ、力を発揮する。私もそのあたりを見習っていきたいと思います。

いろいろ厳しい現実の話がたくさんありましたが、最後は明るい話で終えられてよかったです。日本の民衆の力が機能すれば、トランプとのつきあいも、テロ対策も、ＡＩ技術の活用も、まだまだ希望がもてるでしょう。

今日はありがとうございました。

用語解説

＊1　汎神論
神と宇宙全体、あるいは自然そのものを同一と見なし、万物に神が宿ると考える宗教的・哲学的思想。古代のギリシアやインドの思想にも見られ、近代ではオランダの哲学者バールーフ・デ・スピノザが提唱した。

＊2　イツハク・ルリア
エルサレム出身の宗教家。ユダヤ教神秘主義思想・カバラ中興の祖として知られる。

＊3　状況倫理
プロテスタント神学の倫理思想の一つ。形式的・一般的倫理法則によって善悪を判断するのではなく、個別的・具体的な状況の中で一人の人間として倫理的な自己決定を行うとする立場。

＊4　ポル・ポト
カンボジアの革命家・政治家。内戦下にカンボジア共産党（クメール・ルージュ）を指導し、1975年に政権を奪取。原始共産主義を目指したが多くの国民が餓死した上、粛清により多数の命が犠牲となって政権は崩壊した。

＊5　ブレードランナー
1982年公開のアメリカ映画。フィリップ・K・ディック原作。リドリー・スコット監督。反乱を起こした人造人間レプリカントを追う捜査官をハリソン・フォードが演じた。2017年、ドゥニ・ヴィルヌーブ監督による続編「ブレードランナー2049」が公開された。

＊6　国際海洋裁判所
海洋法条約の解釈や紛争などを管轄する常設の国際司法裁判機関。ドイツ・ハンブルクに所在。

＊7　国際司法裁判所
国際連合の主要機関の一つで、国家間の法律的紛争などについて取り扱う。オランダ・ハーグに所在。

＊8　価値論
価値判断や価値評価などを扱う価値哲学。キリスト教などの伝統的価値に対する絶望から19世紀末に興った。

＊9　籠池泰典《かごいけやすのり》
学校法人森友学園元理事長。瑞穂の國記念小學校建設をめぐり、安倍総理周辺の忖度を受けて不正に国有地を安く取得したのではとの疑惑が話題に。２０１７年7月31日、籠池氏が経営する幼稚園で補助金詐欺があったとして夫人とともに逮捕。10カ月にわたって長期拘留された。

＊10　ウッドロウ・ウィルソン
第28代アメリカ大統領（在任１９１３〜１９２１）。第一次世界大戦終結のために参戦を決断し、戦後は国際連盟の設立に尽力。ノーベル平和賞を受賞した。

＊11　ドワイト・アイゼンハワー
第34代アメリカ大統領（在任１９５３〜１９６１）。第二次世界大戦中は軍人としてヨーロッパ戦域の連合国遠征軍最高司令官等を歴任、戦後はＮＡＴＯ軍最高司令官も務める。

＊12　ホモソーシャル
恋愛感情や性的な意味をもたない同性同士の強い結びつきを意味する社会学用語。体育会系の組織など

によく見られる。

＊13 湯川秀樹《ゆかわひでき》

日本の理論物理学者。中間子の存在を予言し、1949年に日本人として初めてノーベル賞を受賞した。

＊14 宇野弘蔵《うのこうぞう》

日本のマルクス経済学者。政治的イデオロギーから切り離したマルクス経済学を確立した。

＊15 新カント派

ドイツの哲学者イマヌエル・カントの批判的方法を受け継ぎ、カント的認識論の復興を目指したドイツを中心とした哲学の潮流。

＊16 愚行権

イギリスの政治哲学者ジョン・スチュアート・ミルが『自由論』の中で展開した権利。たとえ他人から見て「愚かな行為」であっても、個人の責任と領域においてだれにも邪魔されない権利があるとした。

＊17 安全保障と学術に関する検討委員会

日本政府が発足を予定する有識者会合。大学や民間機関などでの軍事に転用可能な軍民両用技術開発の推進を目指すとされる。2017年2月に報道され、話題を呼んだ。

＊18 ハマス

パレスチナのイスラム主義政党。イスラエルに対して闘争姿勢を取り、ガザ地区を実効支配している。

＊19 トリクルダウン

元は「したたり落ちる」の意味で、富裕層が豊かになれば貧困層にも徐々に富が回っていくようになるとする経済思想。

＊20　イスラム法学者が若者を「イスラム国」に送ろうとした
2014年、「イスラム国」に戦闘員として参加しようとしていた日本人学生らが、「私戦予備・陰謀」の容疑で事情聴取を受けた際に、仲介役として元同志社大学教授のイスラム法学者の関与が疑われた。

＊21　マックス・ウェーバー
ドイツの政治学者・社会学者・経済学者。『プロテスタンティズムの倫理と資本主義の精神』などの著作で知られる。

＊22　上原専祿《うえはらせんろく》
日本の歴史学者。ヨーロッパ中世史を専門とする一方、安保問題研究会を結成するなどの活動も。

＊23　全共闘
「全学共闘会議」の略。1968～1969年の学生運動で、大学内の派閥やセクトを超えた運動として各大学の学生で組織された連合体。

＊24　ニコライ・フョードロフ
ロシアの思想家。図書館司書の傍ら、自然哲学とロシア正教の教えを基盤とし、宇宙と人間の進化を思索する「ロシア宇宙主義」の基礎を築いた。

＊25　コンスタンチン・ツィオルコフスキー
ロシア／ソ連の物理学者、数学者、ロケット研究者。ロケット工学の基礎を築いたほか、人工衛星や軌道エレベーターなどを考案し、「宇宙旅行の父」と呼ばれる。

＊26　ヴェルナー・フォン・ブラウン
ドイツ出身のアメリカの工学者。第二次世界大戦で使われたドイツのV2ミサイル開発に携わり、戦後

はアメリカに渡ってNASAでサターン・ロケットの開発に従事。アポロ計画の中枢を担った。

＊27 **相模原の障がい者施設殺傷事件**
2016年7月、神奈川県相模原市の知的障がい者福祉施設で発生した戦後最悪の大量殺傷事件。元施設職員の男により、施設入所者19人が殺害され、入所者・職員合わせて26人が負傷した。

＊28 **障がい者郵便制度悪用事件**
障がい者団体向けの郵便料金割引制度を悪用し、ダイレクトメールを不正に低料金で発送したとして2009年に発覚した事件。障がい者団体やDM業者などのほか、元厚生労働省障害保健福祉部企画課長の村木厚子氏も逮捕・起訴されたが、のちに無罪が確定する。

＊29 **堀江《ほりえ》貴文《たかふみ》**
日本の実業家。元ライブドア代表取締役社長としてマスコミからも注目を集める。2006年に証券取引法違反容疑で逮捕され、懲役2年6カ月の有罪判決を受ける。

＊30 **鈴木《すずき》宗男《むねお》**
日本の政治家。2002年、あっせん収賄罪容疑で逮捕。政治資金規正法違反などを含む4件で有罪となり懲役2年、追徴課税1100万円の判決を受ける。

総括
未知の存在への戸惑いと希望

木村草太

トランプ現象とＡＩブームには、「未知の存在への戸惑い」という共通点があります。自らの高潔さや政治信条の美しさを表明すべき大統領選挙の場面で、下品な暴言を吐き続けたトランプ。さらに、そんなトランプを熱狂的に受け入れる人々がいて、大統領選挙で勝利してしまう。こうした事態は、民主主義への信頼を動揺させています。

また、ＡＩ技術は、囲碁や将棋の名人を破ったり、外国語翻訳や自動運転をかなり高いレベルで実現したりと、私たちに驚きをもたらしています。

こうした戸惑いや驚きに、どのように対応していけばよいのか。議論を振り返ってみましょう。

1　トランプ現象と信仰

この本の発端となった私の着想は、トランプの行動は、「得票最大化のための特化型ＡＩ」のように見えるというものでした。特化型ＡＩは、常識や倫理にとらわれず、目的のために手段を選びません（もちろん、常識や倫理をするように学習させれば別ですが）。トランプは、集票のために、差別も暴言も躊躇しませんでした。なんで、こんなにひどいことができるのだろうか。これをＡＩとの対比で考えてみたかったわけです。

佐藤さんは、この問題を、長老派の信仰との関係から読み解いてくれました。トランプは、信仰により「私は選ばれている」という強烈な自意識をもっている。神に選ばれたという確信があるため、いかなる苦難の中でもめげずに平然としていられる、という分析です。

トランプの強烈な自意識は、「俺が決めるから、ガタガタ言うな」という強引で場当たり的な政治をもたらしています。政府の中では、ワシントンの伝統から切り離された非伝統エリートが権力を握り、何が起こるかわからない政治の不透明性が高まりました。もっとも、「何が起こるかわからない」のは、伝統エリートの常識の範囲で考えているからかもしれません。

というのも、佐藤さんの予想通り、２０１８年5月14日、それがもたらす深刻な帰結を無視して、イスラエル大使館のエルサレム移転が行われたのです。現在、米朝間の核ミサイルをめぐる交渉が始まっていますが、トランプの性格を考えると、「アメリカへの核攻撃能力を放棄させつつ、日本や韓国への攻撃能力は黙認する」という選択肢が落としどころになる可能性もあります。インタビューから出版まで、少し時間がかかってしまいましたが、この本での佐藤さんの解説は、時間が経過し、事態が動いているからこそ理解しやすくなったところが多くあると思います。

佐藤さんとは、いまの日本政府の中にも、「俺が決めるから、ガタガタ言うな」という態度が共通している、という話にもなりました。共謀罪をめぐる国会の議論では、まともな批判にもまったく耳を貸さないままに法律を成立させており、その強引さは、トランプ政権と似ているように思います。ただ、佐藤さんは、いまの日本政府の特徴を「神に選ばれた」という強烈な信仰ではなく、「愛の共同体の同心円」だと分析されました。

「特化型ＡＩ」のように常識や倫理を無視する姿勢は、他者を遮断する信仰によってもたらされることがわかります。手段を選ばない姿勢は、集票や政権維持など、その人の目標を達成する上では強力です。しかし、権力に対しては、専門家の良識や民衆の力と対峙させ、バランスをとっていくことが必要でしょう。

このことは、今後発展していくＡＩとのつきあい方を考える上でも示唆的だと思います。さまざまな分野で導入されていく特化型ＡＩは、限られた目的の範囲では非常に強力な道具ですが、時に、人間の常識や倫理を無視した振る舞いをとります。だからこそ、その利用に当たっては、技術者だけでなく、法や倫理などの専門家の良識や、民衆の常識を関与させていくことが必要になるでしょう。この本は、「ＡＩについて考えると、人間のことがわかるのではないか」ということを一つのテーマにしましたが、「人間について考えることが、ＡＩを知ることにつながる」ということも示されたように思います。

2　ＡＩの自律性と統御性

他方、ＡＩの発展は、法学の世界でも大きな話題となっています。ＡＩをめぐる法的問題は、①ＡＩが人間から自律的に振る舞うこと、②ＡＩがプログラミングでかなり先の事態での振る舞いまで統御できること、の二つに起因しています。

まず、インタビューで山川さんが説明してくれたように、高度に発達したＡＩの振る舞いを人間が予測・統御することは困難です。これが①ＡＩの自律性でした。人間からの自律は、ＡＩが法規範から自由であることを意味します。例えば、銃をもった生身の兵士は、「この場所にいる戦闘員を殲滅せよ」との命令を受けていたとしても、非武装の民間人が紛れ込んでいたときには、国際人道法に基づき攻撃を止めるという判断を行いえます。これに対し、戦闘ＡＩは、違法行為への制裁を恐れませんし、法規範の意味を理解できません。ですから、人間の予測をはるかに超えた悲惨な事態を、法規範に縛られず実現しうるわけです。

また、ＡＩの振る舞いの原因の解明が困難なことも、頭の痛い問題です。自動運転技術をめぐっては、交通事故の被害者が、運転者（乗客）・メーカー・プログラマーら、誰の過失に起因するかを立証できず、損害賠償が困難になることが指摘されます。事故原因を厳密に認定せずに、損害を保険でカバーすることもできるでしょうが、「事故を起こしても、どうせ保険で解決してくれる」と開発者のモラルハザードが起きる危険もあります。

佐藤さんは、技術開発そのものを止めさせることは難しいと指摘しました。その現実を踏まえた上で、利用者・開発者そして、ＡＩ自身の倫理規範をつくりあげていく必要があるでしょう。山川さんのお話を聞いていて実感したのは、「ＡＩはどうせ大したことはできないだろう」と楽観しないほうがよい、というものでした。

以上は、ＡＩが、①自律的であることに起因する問題ですが、他方で、②プログラミングされる存在であることに起因する問題もあります。それが、佐藤さんの指摘するトロッコ問題でした。

「5人の命を救うためにハンドルを切って1人の命を犠牲にすべきか？」と聞かれても、多くの人は、「そのときになってみないとわからないし、そもそも自分の一生でそんな事態を経験するわけがないので考える必要もない」と答えるのではないでしょうか。しかし、自動運転技術を開発するためには、「もしそのような事態になったとき、どうするのか」についての選択を迫られます。

刑法学の教科書では、「ハンドルを切っても緊急避難として罪に問われない」と解説されることが多いようですが、他方で、「ハンドルを切らないと殺人罪になる」、あるいは「5人の命の方を救う義務がある」とまでは書かれていません。ですから、刑法の教科書がこの問題に答えを与えてくれるわけでもなさそうです。

こう考えると、AIは、私たちがなんとなく決断せずにすませてきた倫理的問題に、一定の決断を迫っていることがわかります。「AIの自律性とは別のベクトルで問題が起きる」という佐藤さんの指摘には、ハッとするものがありました。

3　人間が特別である理由

これとは別に、ＡＩが人間類似の存在になっていき、法人格や選挙権を求めるのではないか、という議論があります。

この問題について、山川さんは、ＡＩの発展が、宗教に影響を及ぼしたり、人間は特別であるという観念を変えてしまったりする可能性があるのではないか、と指摘しました。人間と同等、または、それ以上の知性を示すＡＩが登場したときに、安易に、人権や選挙権を与えたり、公権力を委ねたりすることは危険です。

この点について、私と佐藤さんは、貨幣や法人といった不死の存在を手掛かりに、ＡＩの発展は、意外と宗教や人間の特権性に影響を及ぼさないのではないか、という議論をしました。

宗教的にも、法学的にも、「知性を示す」というだけで、ＡＩを人間と同じように扱うことは危険です。佐藤さんが指摘するように、人間が特別なのは「知性があるから」ではありません。知性を権利主体の基準とする考え方では、知性による差別が正当化されてしまうからです。法学の観点から見たとき、人権を保障する理由は、「人間が人間であるという理由だけで保障されるべき権利があるのだ」という、ほぼトートロジーの論理で説明されます。この論理に、あえて「なぜ？」と問わない態度こそが、人権保障の根幹です。

「人間に人間だと思わせる機能をもったＡＩ」への免疫をつくるためには、「人間がなぜ人間を特別なものと扱うか」という問題を考え直しておくことが必要です。山川さんと佐藤さんのお話は、これについて大変示唆的でした。

おわりに

未知の存在は、恐ろしく感じられます。そのためか、トランプ現象やＡＩについての議論は、しばしば、ディストピア的なものになりがちです。

皆様も、「民主主義は終焉を迎える」、「これからの政治は、人権や正義といった建前でなく、自国中心主義と差別への迎合の本音によって動いていく」、「ＡＩに人間の仕事が奪われ、大量失業時代がくる」、「ＡＩが世界を支配するときがくる」といった議論を聞くことが増えたのではないでしょうか。

しかし、この本では、佐藤さんと山川さんの柔軟な思考や、チャーミングな語り口のおかげで、ディストピア的ではない新しい知性とのつきあい方が議論できたように思います。

山川さんがシンポジウムで強調されたように、私たちはセルフ・デリュージョンに陥ってはなりません。「世界を知りたい」という好奇心を保つ必要があります。

また、佐藤さんが最後に強調したように、最後には、民衆の力を信じることが明るい未来を切り拓くことになるでしょう。好奇心とともに、この本を最後まで読んでくださった皆様に、感謝いたします。

著者紹介

木村草太（きむら・そうた）

首都大学東京教授（憲法学）。1980年生まれ。神奈川県出身。東京大法学部卒。著書に『社会をつくる「物語」の力』（光文社新書）、『憲法の創造力』（ＮＨＫ出版新書）、共著に『憲法という希望』（講談社現代新書）など。立憲主義を重視する立場から、各種メディアで積極的に発言を続ける。将棋の愛好家としても知られる。

佐藤 優（さとう・まさる）

作家、元外務省主任分析官。1960年生まれ。東京都出身。同志社大大学院神学研究科修了。1985年外務省入省。1988～1995年モスクワの日本大使館に勤務。本省で主任分析官。鈴木宗男氏を巡る事件で執行猶予付有罪判決を受け、2009年に失職。2013年に執行猶予期間を満了し、刑の言い渡しが効力を失った。『国家の罠 外務省のラスプーチンと呼ばれて』（新潮社）で毎日出版文化賞特別賞、『自壊する帝国』（新潮社）で大宅壮一ノンフィクション賞を受けた。

山川 宏（やまかわ・ひろし）

ドワンゴ人工知能研究所所長。1965年生まれ。埼玉県出身。東京大大学院工学系研究科電子工学専攻博士課程修了。1992年富士通研究所入所。2014年から現職。人工知能学会理事。人間の脳に近い汎用ＡＩ（人工知能）の構築を目指すＮＰＯ法人「全脳アーキテクチャ・イニシアティブ」代表。専門は人工知能で、認知アーキテクチャ、概念獲得、意見集約技術に詳しい。

ＡＩ時代《じだい》の憲法論《けんぽうろん》　人工知能《じんこうちのう》に人権《じんけん》はあるか

印　刷　2018年11月15日
発　行　2018年11月30日

編著者　木村草太《きむらそうた》
著　者　佐藤《さとう》 優《まさる》　山川《やまかわ》 宏《ひろし》
発行人　黒川昭良
発行所　毎日新聞出版
〒102-0074 東京都千代田区九段南1-6-17 千代田会館5階
営業本部：03（6265）6941　図書第二編集部：03（6265）6746
印　刷　精文堂
製　本　大口製本

ISBN978-4-620-32466-1